MANUEL

DE

GYMNASTIQUE

Corbeil. — Typ. et stér. de Crété fils

MANUEL
DE
GYMNASTIQUE

A L'USAGE
DES ÉCOLES PRIMAIRES, DES ÉCOLES NORMALES PRIMAIRES
DES LYCÉES ET DES COLLÉGES

PAR
G. VERGNES
Ex-capitaine instructeur de gymnastique du régiment des Sapeurs-Pompiers de Paris
Chevalier de la Légion d'honneur

OUVRAGE PUBLIÉ CONFORMÉMENT AUX PROGRAMMES OFFICIELS
ANNEXÉS AU DÉCRET DU 3 FÉVRIER 1869
ET TENU AU COURANT DES DERNIÈRES INSTRUCTIONS MINISTÉRIELLES

Avec 170 figures dans le texte et 4 planches de machines gymnastiques

Cet ouvrage a obtenu une mention honorable de la Société pour l'instruction élémentaire
et a été adopté par la Commission des bibliothèques scolaires

CINQUIÈME ÉDITION
Précédée des documents officiels
relatifs à l'enseignement de la gymnastique

PARIS
LIBRAIRIE HACHETTE ET Cie
79, BOULEVARD SAINT-GERMAIN, 79

1876

DÉCRET

Portant organisation de l'enseignement de la gymnastique (3 février 1869).

NAPOLÉON, par la grâce de Dieu et la volonté nationale, Empereur des Français, à tous présents et à venir, salut.

Sur la proposition de notre Ministre de l'instruction publique;

Vu l'article 23 de la loi du 15 mars 1850;

Vu l'arrêté du 13 mars 1854, portant règlement sur l'enseignement de la gymnastique, et le programme y annexé;

Vu l'article 1er de la loi du 21 juin 1865;

Vu les art. 46, 73 et 74 de la loi du 15 mars 1850;

Vu le rapport de la commission chargée de préparer un programme de l'enseignement de la gymnastique dans les écoles primaires, les colléges, les lycées et les écoles normales primaires, ensemble les programmes rédigés par ladite commission et annexés au présent décret;

Vu l'avis du Conseil supérieur de perfectionnement de l'enseignement secondaire spécial;

Le Conseil impérial de l'instruction publique entendu,

Avons décrété et décrétons ce qui suit :

TITRE PREMIER.

DES LYCÉES ET COLLÉGES.

Art. 1er. La gymnastique fait partie de l'enseignement donné dans les lycées impériaux et les colléges communaux. Elle y est enseignée conformément au programme nº 2 ci-annexé dans la mesure indiquée pour chaque élève par le médecin de l'établissement.

Notre Ministre de l'instruction publique détermine le nombre d'heures qui devront être assignées par semaine à cet enseignement; les leçons de gymnastique ne sont pas prises sur le temps des récréations.

Art. 2. Un maître de gymnastique est attaché à chaque lycée ou collége. Il est nommé par le Ministre.

Art. 3. Les appareils de gymnastique nécessaires aux exercices qui en comportent l'emploi, conformément au programme, seront construits ou installés dans tous les lycées. Il en sera de même pour les colléges communaux dans la mesure des crédits votés à cet effet par le conseil municipal.

TITRE II.

DES ÉCOLES PRIMAIRES COMMUNALES.

Art. 4. Les conseils municipaux délibéreront, dans leur session de mai 1869, sur les moyens à prendre pour organiser les exercices gymnastiques appropriés aux besoins des écoles primaires communales.

Art. 5. L'enseignement de la gymnastique dans les écoles primaires communales comprend nécessairement ceux des mouvements et exercices indiqués au programme n° 1 ci-annexé, qui ne comportent l'emploi d'aucun appareil.

Dans les écoles où les appareils et agrès indispensables ont pu être installés au moyen d'une allocation accordée par le conseil municipal, le département ou l'État, ou à l'aide de souscriptions particulières, cet enseignement comprend en tout ou en partie les exercices qui comportent, conformément audit programme, l'emploi d'appareils et d'agrès.

Les exercices gymnastiques sont dirigés par l'instituteur ou par un maître spécial. Ils sont suivis par tous les élèves qui n'en sont pas dispensés par le maire, sur le certificat d'un médecin.

Art. 6. Des secours pourront être accordés sur les fonds de l'État aux communes qui feront établir des appareils de gymnastique pour leurs écoles.

Art. 7. Sur la proposition de l'inspecteur d'académie, le conseil départemental fixe le nombre des leçons à donner par semaine aux élèves des écoles primaires, ainsi que les jours et heures de ces leçons.

TITRE III.

DES ÉCOLES NORMALES PRIMAIRES.

Art. 8. L'enseignement de la gymnastique est obligatoire dans les écoles normales primaires et dans les écoles primaires qui leur sont annexées. Cet enseignement est donné conformément au programme n° 3 ci-annexé pour les écoles normales, et au programme n° 1 en ce qui concerne les écoles primaires, sauf les dispenses individuelles accordées par le médecin attaché à l'établissement.

ART. 9. Les appareils de gymnastique nécessaires pour la complète exécution du programme n° 3 seront établis dans toutes les écoles normales primaires.

ART. 10. Un maître de gymnastique, nommé par le Ministre, est attaché à chaque école normale primaire.

Le maître de gymnastique de l'école normale peut être chargé par le recteur d'enseigner aux instituteurs, réunis au chef-lieu de canton, le mode d'exécution du programme à suivre dans les écoles primaires.

TITRE IV.

DISPOSITIONS GÉNÉRALES.

ART. 11. Une commission de cinq membres, nommée par le Ministre de l'instruction publique, est instituée au chef-lieu de chacune des académies pour examiner les candidats qui veulent obtenir un *certificat spécial d'aptitude à l'enseignement de la gymnastique*. Ce certificat est délivré par le Ministre sur le rapport de la commission. Un arrêté du Ministre détermine les formes et les conditions de l'examen.

ART. 12. La commission d'examen instituée au chef-lieu de chaque département, en vertu de l'article 46 de la loi du 15 mars 1850, pour juger l'aptitude au brevet de capacité pour l'enseignement primaire, est autorisée, en ce qui touche les épreuves relatives à la gymnastique, à s'adjoindre, à titre consultatif, pour cette partie spéciale de l'examen, une ou deux personnes ayant fait une étude particulière de cet enseignement.

ART. 13. Notre Ministre de l'instruction publique est chargé de l'exécution du présent décret.

Fait au palais des Tuileries, le 3 février 1869.

NAPOLÉON.

CIRCULAIRE AUX RECTEURS

Sur l'enseignement de la gymnastique dans les établissements publics d'instruction. (9 mars 1869.)

Monsieur le Recteur, j'ai l'honneur de vous adresser le décret du 3 février 1869 et les programmes relatifs à l'enseignement de la gymnastique, pour qu'ils soient mis en vigueur le plus promptement possible dans les établissements d'instruction publique de votre ressort.

J'y joins le rapport de la commission qui a préparé les programmes adoptés par le conseil supérieur de l'enseignement spécial et par le conseil impérial de l'instruction publique.

Vous reconnaîtrez bien vite, monsieur le recteur, le soin avec lequel ces programmes ont été composés; mais j'appelle votre attention toute particulière sur la pensée qui a dirigé la commission. La gymnastique de l'armée a pour but d'habituer ceux qui s'y livrent à des exercices difficiles et même, jusqu'à un certain point, dangereux, afin que le soldat arrive à la plus grande puissance de force musculaire, d'adresse et d'agilité, en même temps qu'il s'habitue à triompher d'obstacles en apparence périlleux. La gymnastique des lycées et des écoles, au contraire, ne doit chercher qu'à développer d'une manière normale et progressive les forces du corps, à en rétablir, au besoin, l'équilibre et l'harmonie. C'est un exercice hygiénique que le médecin surveille et contrôle. et non pas un moyen de produire des prodiges d'agilité ou de hardiesse.

Telle est la règle qui présidera, dans nos écoles, à cet enseignement, et dont vous surveillerez avec le plus grand soin l'exécution.

Pour les lycées et les écoles normales primaires, les programmes seront immédiatement appliqués partout où le matériel d'enseignement existe déjà. Là où il fait défaut, des devis seront préparés par vos soins, afin de me mettre en mesure d'obtenir les crédits nécessaires.

Dans les colléges et les écoles primaires, les installations dépendent des ressources votées par les conseils municipaux; les programmes ne pourront donc y être suivis que dans la mesure que comporteront les appareils dont l'établissement disposera. Mais vous aurez soin d'agir auprès des administrations municipales qui seraient en état de supporter ces dépenses, pour que les aménagements soient exécutés. J'espère qu'une augmentation de crédit au budget de l'instruction publique me permettra de venir en aide aux communes les plus dépourvues, car il s'agit d'un intérêt vraiment national.

Exercices relatifs au maniement de l'arme et à l'école du soldat. — Un genre particulier d'exercices aura lieu dans les lycées, les colléges et les écoles normales primaires : ce sont ceux qui se rapportent au maniement des armes et à l'école du soldat. Ils sont réglés par la théorie spéciale que le ministère de la guerre a préparé pour la garde nationale mobile. Introduits à titre d'essai dans les lycées de l'Académie de Paris, ils y ont parfaitement réussi. Les instituteurs s'étonnent de la promptitude avec laquelle nos élèves apprennent ces exercices qui se combinent avec la gymnastique ordinaire, et qui les mettront en état de réclamer le bénéfice du dernier paragraphe de l'article 9 de la loi du 1er février 1868, sur l'organisation de l'armée, aux termes duquel : « Sont exemptés des exercices [1] les jeunes gens qui justifient d'une connaissance suffisante du maniement des armes et de l'école du soldat. »

D'ailleurs, au point de vue de l'éducation, il ne faut point dédaigner ce moyen de donner au corps une meilleure tenue, à l'âme plus d'assurance. On a dit que certaines vertus tenaient aux armes. Ceux qui ont le soin paternel d'élever les jeunes générations ne doivent négliger rien de ce qui peut les aider à former des hommes.

Utilité de la gymnastique même dans les écoles rurales. — Dans les écoles rurales, où le plus souvent les exercices gymnastiques ne pourront être faits à l'aide d'appareils, on devra se borner à des mouvements d'ensemble qui donneront au corps plus de légèreté et de souplesse. Au village, l'enfant a l'air et l'espace qui lui manquent dans les villes ; mais les jeux gymnastiques remplaceraient d'une manière heureuse le vagabondage dans les rues ou sur les places, le maraudage dans les champs ou la destruction des nids d'oiseaux dans les bois. L'attitude embarrassée et lourde d'un grand nombre de conscrits des communes rurales suffirait à montrer combien ils

1. « Les jeunes gens de la garde nationale mobile sont soumis, à moins d'absence légitime, à des exercices qui ont lieu dans le canton de la résidence ou du domicile...

« Chaque exercice ou réunion ne peut donner lieu à un déplacement de plus d'une journée. Ces exercices ou réunions ne peuvent se répéter plus de quinze fois par année. » (Art. 9.)

ont encore besoin qu'on assouplisse leurs membres, qu'on rende leur démarche plus dégagée, qu'on leur apprenne, enfin, à tirer meilleur parti de toutes les forces que la nature a mises en eux.

Les conseils départementaux, éclairés par l'avis des personnes compétentes, sauront déterminer la mesure dans laquelle l'enseignement élémentaire de la gymnastique sera donné aux élèves des écoles primaires. Dans tel district manufacturier, où la jeune génération dépérit sous l'influence du travail industriel, où le corps des enfants porte la trace prématurée d'un assujettissement pénible, la gymnastique sera un immense bienfait. Si elle ne doit pas avoir dans toutes les localités le caractère d'un remède nécessaire, elle sera partout utile, parce qu'il y a pour tout le monde avantage à savoir bien régler le développement des forces physiques, ce qui est le but de la gymnastique. En outre, il faut bien remarquer que ces mouvements cadencés, dirigés par le maître, sont encore une habitude d'ordre qu'il fait prendre à ses élèves, et que cette discipline du corps est aussi une discipline de l'esprit. C'est pour cela que les plus grands philosophes de la Grèce donnaient à la gymnastique tant d'importance dans l'éducation.

A un autre point de vue, quels services rendraient les jeunes gens de la campagne, en cas d'incendie, d'inondations ou d'accidents graves, s'ils étaient habitués de bonne heure à ces exercices gymnastiques qui, en augmentant la force et l'adresse de l'homme de cœur, lui permettent de porter de prompts secours aux personnes en danger, de courir là où les inhabiles ne peuvent aller, de faire plus qu'eux, sans s'exposer davantage, et d'accomplir parfois des sauvetages héroïques que la foule applaudit et que l'Empereur récompense.

Nombre et durée des leçons. — Les leçons, y compris les exercices militaires, sont au nombre de quatre par semaine; elles doivent durer chacune une demi-heure au moins. Dans les lycées et colléges, elles seront prises sur le temps d'étude. Veuillez tenir la main à ce que cette prescription s'exécute.

Dans les écoles normales, où les élèves ne sont plus des enfants, les exercices gymnastiques pourront avoir lieu pendant le temps consacré aux récréations, si déjà ce temps n'est affecté à l'enseignement pratique de l'agriculture. Les élèves-maîtres trouveront pour leur esprit, dans ces exercices corporels, un repos que ne leur procurent pas toujours suffisamment de simples promenades dans les cours d'une étendue trop restreinte.

Pour les écoles primaires, l'article 7 du décret charge le conseil départemental de fixer, sur la proposition de l'inspecteur d'académie, le nombre des leçons qui pourront y être données par semaine, ainsi que les jours et heures de ces leçons. Comme dans beaucoup de communes rurales elles se feront longtemps encore sans appareils, elles ne pourront être que d'une courte durée, mais elles couperont heureusement les classes trop longues.

Construction de gymnases couverts et installation de matériel fixe, ouvrages de charpente, poutres, etc. — Pour les lycées et les écoles normales primaires, tous les aménagements nécessaires à l'enseignement de la gymnastique devront être préparés d'urgence; en conséquence, vous ferez dresser immédiatement par un architecte, pour chaque lycée et école normale de votre ressort, le devis de la dépense que comporte l'installation d'un gymnase couvert, pourvu des appareils et agrès indiqués au programme. Le devis sera accompagné d'un plan et d'un projet détaillé que vous me transmettrez avec l'avis du bureau d'administration et du conseil de perfectionnement, s'il s'agit d'un lycée; avec l'avis de la commission de surveillance, s'il s'agit d'une école normale primaire.

Veillez à ce que le projet soit conçu avec simplicité, afin de réduire la dépense.

Vous m'adresserez, dans le plus bref délai possible, avec vos propositions, le projet ainsi étudié. En attendant, vous prendrez des mesures pour suppléer au manque du gymnase couvert ; vous engagerez MM. les proviseurs, principaux de collèges et directeurs d'écoles normales à tirer parti des locaux et des ressources dont ils disposent, quelque imparfaits qu'ils soient. La même observation s'applique aux écoles primaires. J'ajoute qu'on peut installer facilement, à la campagne, presque sans frais, les premiers appareils de gymnastique, tels qu'une échelle ordinaire, des barres parallèles, une poutre supportée par deux murs, etc.

En ce qui concerne les écoles normales primaires, qui sont entretenues aux frais des départements, vous devrez vous concerter avec MM. les préfets. Je leur adresse une circulaire spéciale pour demander leur concours à cette œuvre d'intérêt public. Il leur appartiendra de soumettre aux conseils généraux, dans leur session de mai, les demandes de crédits nécessaires pour l'installation et l'amélioration du service de la gymnastique dans les écoles normales et les écoles primaires.

Quant aux colléges communaux et aux écoles primaires, où les installations ne sont possibles qu'au moyen de crédits votés par le conseil municipal, le défaut de ressources ou l'état des locaux peut motiver l'ajournement en tout ou partie des exercices qui comportent l'emploi d'appareils et d'agrès.

Les villes, en effet, où il existe un collége, ne sont pas liées à cet égard par une obligation légale, et c'est de leur générosité, de leur zèle pour les intérêts de l'enfance et de la jeunesse, que dépend aujourd'hui la solution favorable ; mais, lors du renouvellement de l'engagement quinquennal, ou lorsqu'il s'agira de la création ou de la transformation d'un collége, vous pourrez invoquer l'article 74 de la loi du 15 mars 1850. La gymnastique fait désormais partie des programmes de l'enseignement secondaire public ; l'obligation pour les villes qui veulent avoir un collége communal de fournir un local « approprié à cet usage » et d'y placer « le mobilier nécessaire à la tenue des cours » implique l'installation d'un gymnase couvert, muni des appareils nécessaires.

Appareils et agrès mobiles (*cordages, haltères, barres à sphères*, etc.). — Les appareils et agrès nécessaires pour l'enseignement de la gymnastique se divisent en deux catégories. Ils comprennent, d'une part, les travaux de la charpente, les poutres et gros ouvrages de menuiserie, qui partout peuvent être faits sur place dans de bonnes conditions et à bas prix ; d'autre part, les agrès, appareils, cordages, pièces de fonte ou de fer, instruments mobiles pour les exercices, qu'il serait souvent difficile et coûteux de faire établir dans la localité où ils doivent être employés. Dans ces circonstances, j'ai pensé qu'il serait possible d'accélérer l'organisation du service et de diminuer la dépense au moyen d'une adjudication faite de la manière suivante. Un catalogue et une collection type des objets indiqués par les programmes officiels comme nécessaires pour l'enseignement vont être établis par la commission de gymnastique. Le catalogue donne l'indication, pour chaque article, de certains prix de vente. Le cahier des charges porte que l'adjudicataire désigné devra, sur la demande des lycées impériaux, colléges communaux, écoles normales primaires ou écoles primaires communales, leur fournir tout ou partie des objets indiqués au catalogue ; que l'adjudicataire devra emballer ces objets et les expédier *franco* jusqu'à la station du chemin de fer la plus rapprochée du lieu de destination ; que, pour cette fourniture et les services accessoires, il lui sera payé directement par les établissements acquéreurs un prix déterminé par le rabais effectué sur le prix de vente porté au catalogue.

Cette combinaison, analogue à celle qui est adoptée pour la fourniture des livres aux bibliothèques scolaires, permet cependant à chaque établissement de faire ses acquisitions, s'il le désire, chez un fournisseur autre que l'adjudicataire. Elle a pour unique objet d'offrir aux écoles le moyen de rendre leurs acquisitions plus faciles et moins coûteuses.

Fusils. — En ce qui concerne les fusils nécessaires dans les établissements publics pour les exercices militaires, ils sont mis à ma disposition par M. le ministre de la guerre dans les conditions suivantes : leur nombre est fixé, en principe, au quart de celui des élèves appelés à prendre part à cet exercice, mais, en général, cette réduction au quart ne descend pas au-dessous du nombre vingt, chiffre habituel des élèves qui doivent s'exercer ensemble. La demande, qui m'est faite par votre intermédiaire, doit indiquer le nombre total des élèves au-dessus de seize ans et le nombre de fusils nécessaires. J'informe aussitôt M. le ministre de la guerre, et les armes sont expédiées par les transports de son administration, à charge de remboursement des frais par l'établissement destinataire et du retour des caisses après déballage.

Vêtement. — Le vêtement spécial, très-peu coûteux, nécessaire aux élèves pour les exercices gymnastiques, est décrit dans le rapport de la commission. Cette dépense est à la charge des familles. J'ai à peine besoin de faire remarquer que dans les écoles primaires, dans quelques écoles normales primaires, dans certains colléges communaux, la blouse ou seulement la ceinture ordinaire de l'école pourront suffire.

Choix des maîtres de gymnastique. — Les maîtres auxquels sera confiée la direction des exercices gymnastiques devront être choisis avec grand soin. Des directeurs de gymnases civils, d'anciens sous-officiers sortis de l'école normale militaire de Joinville-le-Pont, sont déjà appelés dans un certain nombre de nos maisons. Chaque régiment possédant un maître de gymnastique et d'excellents instructeurs, les garnisons de beaucoup de villes peuvent offrir, pour la gymnastique proprement dite comme pour les autres exercices, un précieux contingent. A cet égard, M. le ministre de la guerre a bien voulu me faire la communication suivante, par lettre du 28 septembre dernier :

« Conformément au désir exprimé à ce sujet, je donne des ordres pour que MM. les officiers généraux commandant les divisions et subdivisions territoriales, ainsi que les commandants d'armes dans les villes où il n'y a pas d'officier général, mettent, selon la demande qui en sera faite, des instructeurs d'une aptitude éprouvée à la disposition des proviseurs de lycées impériaux, des principaux de colléges ou des directeurs d'écoles normales. En ce qui concerne l'indemnité à allouer à ces instructeurs, j'approuve, comme suffisantes, les fixations que vous m'avez proposées, c'est-à-dire 15 francs par mois pour quatre heures de leçons par semaine, ou 30 francs par mois pour huit heures de leçons. »

Des propositions me seront transmises par MM. les recteurs sur la demande des proviseurs, principaux et directeurs, après entente, s'il s'agit de militaires, avec MM. les officiers généraux et commandants d'armes. La nomination des maîtres de gymnastique dans les lycées, les colléges et les écoles normales primaires sera faite par le Ministre de l'instruction publique, conformément aux articles 2 et 10 du décret du 3 février dernier.

Le traitement est déterminé pour chacun d'eux, sur la proposition du recteur, par l'arrêté de nomination.

Les maîtres-adjoints sont nommés par le recteur; les instructeurs chargés d'enseigner le maniement de l'arme, par le proviseur, principal ou directeur d'école normale, après entente avec MM. les officiers généraux ou commandants d'armes.

Dans les écoles primaires, où des appareils n'auront pu être établis, il n'y aura pas lieu d'appeler un maître spécial de gymnastique; les exercices très-simples prescrits par le programme pouvant être dirigés par l'instituteur. Mais il est à désirer qu'il en soit autrement dans les écoles publiques du chef-lieu du canton. Les classes, dans ces localités plus importantes, devant contenir un nombre assez considérable d'élèves, pourront être plus facilement pourvues d'appareils et d'agrès et justifier ainsi la présence à titre permanent ou temporaire d'un maître spécial. Rien n'empêcherait alors d'admettre à ces exercices les élèves des communes voisines, si les conseils municipaux consentaient à contribuer à la rémunération du maître en proportion du nombre d'enfants qu'ils y enverraient. Dans tous les cas, le maître devra être choisi par l'instituteur et agréé par le préfet. Il est convenable, en effet, d'appliquer ici la règle établie par la loi pour la nomination des instituteurs adjoints.

Un grand nombre d'instituteurs sortis des écoles normales primaires où ils ont reçu des notions de gymnastique sont déjà en état de donner des leçons à leurs élèves, mais d'autres auront besoin de directions et de conseils; ils pourront les recevoir, soit dans des conférences cantonales que ferait pour eux le professeur de gymnastique de l'école normale ou de l'école primaire du chef-lieu de canton, soit même dans des réunions d'instituteurs qui auraient lieu au moment des vacances dans le gymnase du lycée, du collége ou de l'école normale.

C'est le moyen de propager rapidement la pratique de la gymnastique élémentaire dans nos écoles.

Formation de la commission de cinq membres qui sera instituée au chef-lieu de l'académie pour délivrer des certificats d'aptitude à l'enseignement de la gymnastique. — J'appelle toute votre attention sur les propositions que vous aurez à me soumettre pour constituer la commission dont il s'agit. Vous en trouverez les éléments dans le corps médical, dans les officiers supérieurs de l'armée, dans le personnel des inspecteurs de l'instruction publique et parmi les professeurs spéciaux de gymnastique. Le certificat d'aptitude dont il s'agit sera un titre important, qui pourra désigner un professeur de gymnastique au choix du ministre pour la direction de cet enseignement dans les lycées, colléges et écoles normales primaires.

L'application de l'article 12 du décret du 3 février, qui permet aux commissions départementales d'examens pour le brevet de capacité de l'enseignement primaire de s'adjoindre, à titre consultatif pour les épreuves gymnastiques, une ou deux personnes ayant fait une étude particulière de la gymnastique, suffira pour augmenter à cet égard les garanties qui résultent du brevet d'instituteur.

Les demandes d'emploi de maître de gymnastique que m'adressent directement des militaires en activité ou qui ont récemment quitté le service sont transmises à M. le ministre de la guerre pour avoir son avis. Il est tenu très-grand compte aux candidats, pour l'application du décret du 24 décembre 1868, de la possession des certificats ou brevets de gymnastique délivrés aux militaires par l'école normale de Joinville-le-Pont.

Aptitude des élèves — Age des élèves appelés aux exercices gymnastiques. — Les programmes déterminent les exercices correspondants aux divers âges, d'après la force présumée des élèves. L'enseignement de la gymnastique est obligatoire pour tous les élèves, à l'exception de ceux que leur constitution physique, l'état de leur santé ou les exigences temporaires de certaines études spéciales pourraient empêcher d'y participer. Dans ce cas, les dispenses devraient être individuelles et explicitement motivées.

En principe, les élèves âgés de plus de seize ans sont seuls appelés à prendre part aux exercices qui rendent nécessaire le maniement du fusil.

Précautions à prendre dans l'intérêt de la santé des élèves et pour éviter les accidents. — Le décret du 3 février 1869 impose aux proviseurs, principaux et directeurs d'écoles normales primaires, l'obligation de faire apprécier par un médecin l'aptitude physique de chaque élève aux exercices gymnastiques et la mesure dans laquelle il peut se livrer à ces exercices. En ce qui concerne les écoles primaires, la nécessité d'un examen préalable de cette nature existe surtout pour les écoles pourvues d'appareils et d'agrès ; et, dans les localités où ces écoles sont établies, il sera facile de trouver un médecin. Il n'en sera pas toujours de même dans les communes rurales éloignées des centres populeux : la gymnastique s'y réduira le plus souvent aux mouvements d'ensemble et aux exercices qui peuvent s'effectuer sans appareils ; dès lors l'intervention du médecin n'est plus indispensable ; elle sera suppléée par la sollicitude de l'instituteur et des parents eux-mêmes.

Afin d'éviter les chances d'accident, le local affecté à la gymnastique sera fermé en dehors du temps consacré aux exercices réglementaires, lesquels devront toujours avoir lieu sous la surveillance du maître ou du moniteur régulièrement autorisé à le suppléer.

Je vous envoie avec cette circulaire, à titre de renseignements, les tableaux que j'ai demandés directement le 18 septembre dernier aux proviseurs, principaux et directeurs d'écoles normales de votre académie. Ces tableaux font connaître :

1° La liste des agrès et appareils employés dans l'établissement ;

2° S'il y a un gymnase couvert ;

3° Les noms des professeurs ou professeurs adjoints ;

4° La qualité du professeur (s'il est titulaire ou adjoint, civil ou militaire) ;

5° Le traitement du professeur ;

6° Le nombre par semaine des leçons données par le maître et des leçons reçues par les élèves ;

7° La durée de chaque leçon pour les élèves ;

8° Si la leçon de gymnastique est prise sur les récréations ;

9° Le nombre des élèves réunis pour la même leçon sous un seul maître ;

10° Le nombre des mois pendant lesquels ont lieu les leçons.

J'ai fait indiquer sur chaque tableau, d'après les renseignements que m'a fournis M. le ministre de la guerre, s'il y a, dans la localité,

une garnison présentant des ressources pour l'enseignement de la gymnastique.

Veuillez, pour chaque établissement, rapprocher des constatations faites dans ces tableaux les instructions contenues dans la présente circulaire et donner tous vos soins à la prompte organisation de la gymnastique dans les lycées, colléges, écoles normales primaires qui n'ont pas encore constitué cet enseignement ou qui ne l'ont établi que dans des conditions imparfaites. Efforcez-vous de le faire pénétrer, avec les précautions et les réserves indiquées plus haut, dans les écoles primaires communales qui pourraient employer un instructeur spécial ou qui auraient un instituteur capable de diriger ses élèves pour cette étude.

Recevez, monsieur le Recteur, l'assurance de ma considération très-distinguée.

Le Ministre de l'instruction publique,
V. Duruy.

CIRCULAIRE AUX PRÉFETS

Sur l'installation dans les écoles normales primaires et dans les écoles primaires du matériel nécessaire pour l'enseignement de la gymnastique. (9 mars 1869.)

Monsieur le Préfet, j'ai l'honneur de vous communiquer les instructions que j'adresse à MM. les recteurs pour l'enseignement de la gymnastique dans les établissements publics d'instruction.

Les écoles normales primaires sont entretenues par les fonds départementaux. L'installation complète de l'enseignement de la gymnastique dans ces écoles a une grande importance. Dans beaucoup d'entre elles le matériel est encore imparfait ou insuffisant. J'espère que vous voudrez bien insister auprès du conseil général, dans sa prochaine session, pour obtenir le crédit qu'il pourrait être nécessaire d'affecter à cette destination. J'invite M. le recteur de l'académie à se concerter avec vous au sujet de cette dépense.

Vous remarquerez la part faite, par le décret du 4 février 1869, à l'enseignement de la gymnastique dans les écoles primaires. C'est à vous surtout qu'il appartient de rendre possible l'introduction de cet enseignement dans les communes, où il est opportun de l'établir d'une manière complète avec les appareils et agrès que comporte l'application du programme. D'abord, j'ai à vous demander de faire connaître aux maires, au moyen de votre recueil administratif, sinon ma circulaire aux recteurs *in extenso*, au moins les dispositions applicables aux écoles primaires communales. Je ne doute pas que les recommandations que vous voudrez bien joindre à ces extraits n'aient pour résultat de bien faire comprendre aux administrations municipales l'utilité que peuvent présenter, surtout pour les populations placées dans certaines conditions, des exercices gymnastiques réguliers et conduits avec méthode. L'exemple des villes qui prendront l'initiative ne peut manquer d'agir sur d'autres communes. L'article 6 du décret du 3 février 1869 porte que des secours pourront être accordés sur les fonds de l'État aux communes qui feront établir des appareils de gymnastique pour leurs écoles.

Je vous prie également de donner connaissance au conseil général des mesures que vous aurez prises pour propager la gymnastique dans les écoles primaires et de lui proposer de s'y associer par e vote d'un fonds spécial destiné à encourager les sacrifices des communes.

Je serais très-heureux, monsieur le préfet, d'être tenu au courant des résultats qui se produiront dans votre département.

Recevez, monsieur le Préfet, l'assurance de ma considération très-distinguée.

Le Ministre de l'instruction publique,
V. Duruy.

ENVOI AUX RECTEURS

D'un arrêté et d'un programme d'examen relatifs à l'enseignement de la gymnastique. (25 novembre 1869.)

Monsieur le Recteur, je vous transmets quelques exemplaires d'un arrêté en date de ce jour et du programme y annexé, par lesquels j'ai réglé tout ce qui concerne l'examen que devront subir, devant les commissions compétentes, les aspirants au certificat spécial d'aptitude à l'enseignement de la gymnastique, établi par l'article 11 du décret du 3 février dernier.

L'examen comprend trois parties :

1° Notions théoriques ;

2° Aptitude pédagogique ;

3° Aptitude physique.

Le diplôme est délivré par le Ministre, sur la proposition du recteur et sur le vu du procès-verbal des opérations de la commission d'examen.

Je vous prie de vouloir bien faire parvenir un exemplaire de l'arrêté dont il s'agit à chacun de MM. les membres de la commission d'examen instituée près de votre académie, et de veiller à ce que ses prescriptions soient strictement observées.

A l'avenir, les emplois de professeur de gymnastique dans les lycées, colléges et écoles normales primaires seront donnés de préférence aux candidats pourvus du certificat spécial d'aptitude à cet enseignement.

Recevez, Monsieur le Recteur, etc.

Le Ministre de l'instruction publique,

BOURBEAU.

Arrêté.

Le Ministre secrétaire d'État au département de l'instruction publique,

Vu l'article 11 du décret du 3 février 1869, portant organisation de l'enseignement de la gymnastique ;

Vu l'avis de la commission instituée par l'arrêté du 15 février 1868 ;

Vu l'avis du Conseil supérieur de perfectionnement de l'enseignement secondaire spécial ;

Le Conseil impérial de l'instruction publique entendu,

ARRÊTE :

ART. 1er. L'examen à subir devant les commissions compétentes par les aspirants au certificat spécial d'aptitude à l'enseignement de la gymnastique, établi par l'article 11 du décret susvisé du 3 février 1869, aura lieu conformément au programme annexé au présent arrêté.

ART. 2. La commission d'examen donne au candidat, au moyen de trois chiffres, dont chacun ne peut dépasser le maximum de 20 points, des notes qui correspondent : la première, aux notions théoriques

(§ 1er du programme) ; la seconde, à l'aptitude pédagogique (§ 2 du programme); la troisième, à l'aptitude physique à l'exécution des exercices (§ 3 du programme).

Pour calculer le nombre total des points obtenus par le candidat, le nombre de points afférents à l'aptitude pédagogique est double ; ceux afférents aux notions théoriques et à l'aptitude physique à l'exécution des exercices ne subissent aucun changement.

Le maximum de points que peut obtenir un candidat est fixé par ce mode de calcul à 80. Ne pourra être admis le candidat qui n'aura pas obtenu le minimum de 35 points, ou qui sera resté au-dessous du chiffre 5 pour les notions théoriques, ou au-dessous du chiffre 10 pour l'aptitude pédagogique ou pour l'aptitude physique à l'exécution des exercices.

Art. 3. Le diplôme est délivré par le Ministre, sur la proposition du recteur et sur le vu du procès-verbal des opérations de la commission d'examen.

Fait à Paris, le 25 novembre 1869.

Bourbeau.

Programme annexé à l'arrêté qui précède.

NOTIONS THÉORIQUES.

(*Notions élémentaires de mécanique et d'anatomie.*)

1° Des leviers. — Application aux mouvements du corps et des membres. — De la poulie. — Des moufles.

2° Station. — Mouvements des bras. — Marche. — Saut.

3° Des os, des articulations, des muscles et des viscères.

APTITUDE PÉDAGOGIQUE.

Sous ce titre, on comprend l'aptitude théorique et pratique, c'est-à-dire la manière de démontrer les exercices et de soutenir l'élève, afin d'aider au développement progressif de ses forces et de prévenir les accidents.

Les candidats seront donc appelés à faire exécuter divers exercices à des élèves devant la commission d'examen.

APTITUDE PHYSIQUE A L'EXÉCUTION DES EXERCICES

Exécution, devant la commission d'examen, d'exercices du programme officiel compris dans la liste suivante :

Exercices élémentaires. — Exercices simples sans instruments; barre à sphères ou canne.

Mils ou haltères.

Sauts. — En avant à pieds joints; continus; en largeur en avant, précédés d'une course; à la perche (hauteur et profondeur).

Barre à suspension.

Échelle de bois. — Verticale; horizontale; orthopédique.

Cordes lisses — simples et doubles.

Poutre. — Horizontale; horizontale mobile; inclinée.

Barres parallèles fixes.

Planche à rétablissement. — Pour monter; pour descendre.

Trapèze. — Ordinaire; de voltige.

Anneaux; voltige sur la planche d'assaut; passage de rivière; planches à rainures; mouvements élémentaires de natation (méthode en usage dans l'armée); instruction militaire (méthode en usage dans l'armée).

CIRCULAIRE

Sur l'enseignement de la gymnastique dans les écoles normales primaires. (17 mai 1872.)

Monsieur le Recteur, l'Assemblée nationale a inscrit, au budget de 1872, un crédit de cent mille francs pour seconder le développement de l'enseignement de la gymnastique dans les établissements d'instruction primaire.

Les écoles normales devront les premières profiter de ce crédit : c'est là, en effet, que se forment les instituteurs appelés à enseigner la gymnastique dans les écoles communales. Il est donc indispensable que nos jeunes maîtres possèdent des connaissances théoriques et pratiques suffisamment étendues.

Le cours de gymnastique qui, aux termes du décret du 3 février 1869, est obligatoire dans les écoles normales, n'a pu être organisé dans un assez grand nombre de ces établissements, où l'on regrette de ne trouver encore ni les professeurs spéciaux ni le matériel nécessaire.

Il importe donc de créer immédiatement des gymnases ou de compléter ceux qui sont insuffisants.

A partir de la prochaine réouverture des classes, les cours seront organisés dans toutes les écoles normales; le programme de 1869 devra être exactement suivi.

Je vous prie de me faire connaître, dans un tableau spécial, pour chacune des écoles normales de votre ressort, s'il existe un gymnase couvert dans l'établissement et, au cas contraire, quelle serait la somme nécessaire pour en établir un ou pour agrandir celui qui existe.

Vous voudrez bien placer dans ce tableau la liste des agrès et appareils existants, en indiquant ceux qui manquent ou qui auraient besoin d'être remplacés et sans lesquels le programme obligatoire ne pourrait être suivi.

Je vous prierai de m'adresser aussi une notice individuelle sur chacun des professeurs de gymnastique ou de leurs adjoints, en indiquant leur qualité (civile ou militaire), les brevets dont ils sont pourvus et le traitement dont ils jouissent. Vous aurez soin de m'indiquer le nombre des leçons données par le maître et reçues par les élèves chaque semaine, ainsi que la durée de chaque leçon.

Enfin je désire savoir si les leçons sont données pendant les heures d'étude ou les heures de récréation.

Je n'ai pas besoin de vous dire, monsieur le Recteur, que j'attache la plus grande importance à l'organisation complète de l'enseignement de la gymnastique et que je compte sur votre concours le plus actif pour assurer l'application utile du crédit législatif.

Recevez, monsieur le Recteur, etc.

Le Ministre de l'instruction publique, des cultes et des beaux-arts,

JULES SIMON

CIRCULAIRE

Relative à l'achat des objets nécessaires pour l'enseignement de la gymnastique. (5 novembre 1872.)

Monsieur le Préfet, j'ai l'honneur de vous transmettre le catalogue des objets reconnus nécessaires pour l'enseignement de la gymnastique :

1° Dans les écoles normales ;

2° Dans les écoles de chefs-lieux de préfecture, de sous-préfecture ou de canton, ainsi que dans les écoles des communes d'une certaine importance ;

3° Enfin dans les écoles des communes rurales.

Les administrations départementales et municipales trouveront, dans ces catalogues, des renseignements sur les prix des objets. Ces renseignements leur permettront d'apprécier la dépense à laquelle elles auraient à pourvoir.

Je suis disposé à venir en aide aux départements et aux communes ; mais les ressources dont je dispose étant limitées, j'ai besoin de savoir, avant tout examen des demandes, ce qui existe et ce qui fait défaut dans les gymnases actuellement en exercice. Vous voudrez donc bien me faire parvenir un état présentant, pour chaque école normale et pour chaque commune, des renseignements précis d'après les données qui devront vous êtes fournies par les directeurs d'écoles normales et par les maires.

J'examinerai alors dans quelle mesure, eu égard aux sacrifices faits par les départements et les communes, il me sera possible de les admettre au bénéfice des crédits spéciaux portés au budget de l'année 1872.

Il ne vous échappera pas que, pour les écoles rurales, l'enseignement gymnastique, devant rester très-élémentaire, peut consister presque uniquement dans les mouvements de marche et dans les exercices sans appareils. Il suffira donc de l'acquisition de quelques haltères. Outre que, dans ces conditions, l'enseignement de la gymnastique ne créera aux petites communes aucune charge nouvelle, il offrira aux familles tous les avantages d'un exercice éminemment utile et sans danger.

Il y aura lieu d'examiner également si, dans les localités importantes, un seul gymnase ne pourrait pas satisfaire aux besoins de plusieurs écoles. Les élèves ayant la facilité de venir, à tour de rôle, y recevoir l'enseignement, soit le jeudi, soit les autres jours de la semaine, dans l'intervalle des heures de classe, il suffirait d'une mesure de règlement pour déterminer les jours et heures qui seraient assignés à chaque école.

Je vous prie de tenir compte de ces deux observations dans votre tableau de propositions.

Recevez, monsieur le Préfet, etc.

Le Ministre de l'instruction publique, des cultes et des beaux-arts,

JULES SIMON.

DEVIS ESTIMATIF *des ouvrages et fournitures à faire pour l'installation d'un gymnase dans une école normale.*

	fr.	c.
Portique en chêne avec tous les accessoires.	240	»

AGRÈS FIXÉS AU PORTIQUE.

	fr.	c.
Une corde à consoles, attachée à l'un des crochets du portique	10	»
Une échelle de corde en quatre torons, de 3^m,70 de hauteur	12	»
Une paire d'anneaux avec cordes de 2^m,20 de longueur..	10	»
Deux perches oscillantes à 6 francs l'une	12	»
Un trapèze à base ferrée, avec cordes de 2^m,20 de longueur.	10	»
Une échelle de bois	22	»
Barres parallèles de grande dimension	42	»
Crochets pour fixer les agrès au portique, la pièce	1	»
Chevalet de natation, en bois de frêne	6	25
Une corde à nœuds dite *septin*, de 3^m,70 de longueur	10	»
Deux cordes lisses de 3^m,70 de longueur, à 6 fr. l'une...	12	»
Une échelle orthopédique	22	»
Barres à sphères (une douzaine)	12	»
Vingt-quatre haltères de 3 et 4 kilogrammes	43	»
Vindas en chêne avec boulon et peinture, tous les accessoires compris	130	»
A reporter.....	594	25

	fr.	c.
Report....................	594	25
Six perches à sauter de $2^{m},35$ de hauteur, à 2 fr. 25 cent. l'une..	13	50
Mils ou massues (12 paires)............................	50	»
Cordeaux à sauter avec sacs.........................	5	25
Barre à suspension de 6 mètres de longueur, en fer de $0^{m},35$ de diamètre, potence en fer, ascellement et banc en bois de chêne de $0^{m},30$ de largeur............................	100	»
Plate-forme à rétablissement............................	80	»
TOTAL....................	843	»

Devis estimatif des ouvrages et fournitures à faire pour l'installation d'un gymnase dans une école primaire de chef-lieu de département, d'arrondissement ou de canton.

	fr.	c.
Portique en chêne..................................	140	»

AGRÈS FIXÉS AU PORTIQUE.

Gros mât pour le portique, avec ferrure..................	9	»
Une corde à consoles, attachée à l'un des crochets du portique..	10	»
Une échelle de corde en quatre torons, de $3^{m},70$ de hauteur..	12	»
Une paire d'anneaux avec cordes de $2^{m},20$ de longueur...	10	»
Un trapèze à base ferrée, avec cordes de $2^{m},20$ de longueur	10	»
Une échelle de bois n° 7................................	22	»
Barres parallèles......................................	30	»
Crochets pour fixer les agrès au portique, la pièce.......	1	55
Une corde à nœuds dite *septin*, de $3^{m},70$ de longueur...	10	»
Une corde lisse de $3^{m},70$ de longueur..................	6	»
Une échelle orthopédique...............................	25	»
Cannes devant servir de barres à sphères pour les exercices élémentaires (une douzaine)........................	6	»
Une douzaine d'haltères de 1 kilogramme................	6	»
Une douzaine d'haltères de 2 kilogrammes..............	12	»
TOTAL................	309	55

Devis estimatif des ouvrages et fournitures à faire pour l'installation d'un gymnase dans une école primaire de commune rurale.

	fr.	c.
Portique en chêne.	140	»
AGRÈS FIXÉS AU PORTIQUE.		
Une corde à consoles, attachée à l'un des crochets du portique.	10	»
Une échelle de cordes en quatre torons, de $3^{m},70$ de hauteur.	12	»
Une paire d'anneaux avec cordes de $2^{m},20$ de longueur. . .	10	»
Un trapèze à base ferrée, avec cordes de $2^{m},20$ de longueur.	10	»
Une échelle de bois n° 7.	22	»
Crochets pour fixer les agrès au portique, la pièce.	1	»
Gros mât pour le portique, avec ferrure.	9	»
Une douzaine d'haltères de 1 kilogramme.	6	»
Une douzaine d'haltères de 2 kilogrammes.	12	»
TOTAL.	232	»

CIRCULAIRE

Supprimant certains exercices de gymnastique.
(31 janvier 1875.)

Monsieur le Recteur, d'après les divers rapports d'inspection générale qui m'ont été transmis, j'ai lieu de craindre que l'enseignement de la gymnastique ne soit pas donné, dans tous les établissements secondaires et primaires, conformément aux prescriptions du décret du 3 février 1869, et je crois devoir insister auprès de vous pour que vous teniez la main à ce que le programme préparé avec le plus grand soin par la Commission centrale de gymnastique soit exactement suivi dans les lycées, collèges, écoles normales primaires et écoles primaires de votre ressort académique.

La Commission de gymnastique qui, à diverses reprises, a voulu se rendre compte des progrès de cet enseignement dans un certain nombre d'établissements, a pu constater, par les diverses leçons auxquelles elle a assisté, la divergence qui existait dans le mode de procéder des maîtres.

Il importe de revenir à la règle, et je vous prie de la rappeler à MM. les Inspecteurs d'académie et Inspecteurs primaires.

Vous n'ignorez pas que le règlement du 3 février 1869 a été inséré au *Bulletin administratif de l'Instruction publique* n° 201.

Vous veillerez à ce que le programme, tel qu'il a été déterminé par ce règlement, soit appliqué rigoureusement. Il importe surtout que le professeur chargé du cours de gymnastique observe strictement la progression des exercices indiqués ; que les élèves ne soient jamais abandonnés seuls au gymnase ; que le plus grand ordre, que la discipline la plus sévère règnent pendant toutes les leçons.

Nul ne conteste aujourd'hui l'importance des exercices gymnastiques et militaires, et même chacun reconnaît qu'ils sont devenus un complément indispensable de l'éducation qui doit être donnée à la jeunesse de nos écoles.

Aussi l'introduction de l'enseignement de la gymnastique dans les établissements scolaires n'a-t-elle guère rencontré, jusqu'à présent, que des obstacles matériels, qui tendent à disparaître de jour en jour, et il m'a été possible de doter un certain nombre de lycées et de communes d'appareils gymnastiques, grâce aux fonds que l'Assemblée nationale a bien voulu inscrire au budget de mon département. Toutes les demandes qui me parviendront à ce sujet seront l'objet de mon intérêt le plus vif.

La Commission de gymnastique a pensé qu'il y avait lieu de supprimer un certain nombre d'appareils dont l'expérience lui a démontré l'inutilité et même les inconvénients; ce sont : le tremplin, le vindas, le trapèze de voltige, le passage de rivière et les bascules brachiales.

On a reconnu que ces engins ne pouvaient convenir à un enseignement régulier et méthodique, dans lequel on se propose de développer les forces des élèves en tenant tout particulièrement compte de leur organisation physique.

Cette modification apportée au programme ne s'applique, ainsi que vous le voyez, Monsieur le Recteur, qu'aux élèves des écoles normales primaires, des lycées et colléges. En ce qui concerne les élèves des écoles primaires, j'attache un grand intérêt à ce qu'ils reçoivent aussi les premières notions de la gymnastique ; il faut que leurs maîtres mettent à profit les leçons qu'ils ont reçues à l'Ecole normale, et que là où ils ne possèdent pas encore d'appareils, ils fassent exécuter aux enfants ces mouvements élémentaires dont l'influence est si favorable à leur développement physique et à leur tenue.

Je vous serai obligé, Monsieur le Recteur, de faire préparer pour les divers établissements secondaires et primaires de votre académie, et par département, une statistique qui mentionnera : 1° les établissements possédant un gymnase ; 2° ceux dans lesquels on enseigne la gymnastique sans appareils ; 3° ceux qui ne sont pas pourvus d'appareils et où cet enseignement n'a pas encore été introduit.

Vous voudrez bien me faire connaître également les noms et résidences des instituteurs capables d'initier leurs élèves aux principes de la gymnastique, et me signaler, en outre, ceux d'entre ces maîtres qui auraient témoigné de leur zèle pour entrer, sous ce rapport, dans les vues de l'Administration, ainsi que ceux qui vous paraîtraient coupables de négligence ou montreraient de la mauvaise volonté.

Recevez, Monsieur le Recteur, etc.

Le Ministre de l'Instruction publique, des Cultes et des Beaux-Arts,

A. DE CUMONT.

DEVOIRS GÉNÉRAUX DU PROFESSEUR

Le professeur se conformera strictement aux instructions renfermées dans le programme; il ne tolérera, dans aucun cas, des exercices exagérés de force ou d'adresse qui pourraient occasionner des accidents.

Il s'appliquera à développer les facultés physiques des élèves, par un travail sagement mesuré, à faire naître en eux la confiance et l'énergie que peuvent réclamer les diverses circonstances de la vie, et il s'attachera à leur rendre tous les exercices aussi faciles et agréables que possible, en prenant les précautions nécessaires pour éviter qu'ils se blessent ou se découragent.

Le professeur ne devra jamais oublier que le plaisir et la sécurité sont les premiers et les plus sûrs éléments de succès des exercices gymnastiques. Il évitera d'être brusque avec les élèves, de laisser tourner leurs efforts en ridicule quand ils ne réussiront pas, et de les punir pour des maladresses involontaires.

Enfin, il ne devra pas exiger des élèves une attitude qui puisse les fatiguer sans utilité, et, tout en maintenant l'ordre et la discipline, il réprimera avec douceur les élans de joie et de pétulance auxquels peuvent prêter ces exercices qui ont tant d'attrait pour eux, quand ils sont bien dirigés.

Nous avons jugé utile de reproduire les documents officiels relatifs à l'enseignement de la gymnastique, pour faire bien comprendre ce qu'il doit être et par quels moyens on peut assurer son développement.

Les exercices du *tremplin*, du *vindas*, du *trapèze de voltige*, du *passage de rivière*, et de la *bascule brachiale* ayant été supprimés par décision ministérielle en date du 31 janvier 1875, dans les écoles normales primaires, les lycées et les colléges, nous ne les avons plus compris dans la théorie rédigée conformément aux programmes officiels. Toutefois, comme ces exercices peuvent avoir leur utilité pour des adultes qui n'ont pas à craindre les mêmes dangers que de jeunes élèves, nous les avons conservés dans un appendice qui se trouve à la fin du volume.

THÉORIE

ÉCOLES PRIMAIRES

PREMIÈRE PARTIE

POUR LES ÉLÈVES DE NEUF ANS ET AU-DESSOUS

MOUVEMENTS PRÉLIMINAIRES

Formation des pelotons.

Chaque peloton doit être composé de vingt élèves, au plus.

Le professeur fait d'abord placer les élèves en ligne, par rang de taille et coude à coude; puis il forme les pelotons par gradation, de manière que celui qui est composé des plus petits élèves se trouve en avant.

Il fait alors numéroter les élèves dans chaque peloton et les aligne par les moyens indiqués ci-après, page 4 (*alignement à droite* ou *à gauche*), en ayant soin de ménager un intervalle de trois ou quatre pas entre chaque peloton, afin que les élèves puissent exécuter, ensemble tous les mouvements préliminaires sans se gêner les uns les autres.

Le professeur est secondé par des moniteurs qu'il choisit parmi les élèves les mieux exercés.

Station régulière du corps.

Les talons réunis sur la même ligne; les pieds un peu moins ouverts que l'équerre et également tournés en dehors; le corps d'aplomb sur les hanches; les épaules effacées; les bras pendant naturellement; la paume des mains en dehors; la tête droite sans être gênée.

Alignements à droite ou à gauche.

Le professeur commande :

1. *A droite (ou à gauche)*, — ALIGNEMENT.

A ce commandement, les élèves tournent la tête à droite (ou à gauche) sans brusquer le mouvement et fixent les yeux sur la ligne des yeux des élèves du même rang, afin de juger s'ils sont en avant ou en arrière de l'alignement sur lequel ils doivent se porter par de petits pas.

Le professeur, ayant rectifié l'alignement, commande: FIXE.

A ce commandement, les élèves replacent la tête dans la position directe.

Faire face à droite ou à gauche.

Le professeur commande :

1. *Peloton, par le flanc droit (ou gauche).*
2. A DROITE (OU A GAUCHE).

Au deuxième commandement, les élèves tournent sur le talon gauche, élevant un peu la pointe des pieds, et rapportent en même temps le talon droit à côté du gauche et sur la même ligne.

Demi-tour à droite.

Le professeur commande :

1. *Peloton.*
2. DEMI-TOUR, — A DROITE.

Au commandement de *demi-tour*, les élèves font un demi-à-droite, portent le pied droit en arrière, le milieu du pied vis-à-vis, et à huit centimètres environ du talon gauche.

Au commandement de *à droite*, les élèves tournent sur les talons, en élevant un peu la pointe des pieds, les jarrets tendus, font face en arrière et rapportent en même temps le talon droit à côté du gauche.

Le professeur veille à ce que ces mouvements ne dérangent pas l'aplomb du corps.

Principes du pas accéléré.

La longueur du pas accéléré est, au plus, de soixante-cinq centimètres, à compter d'un talon à l'autre, et sa vitesse de cent dix par minute.

Le professeur, se plaçant à dix ou douze pas des élèves et leur faisant face, explique les principes du pas; il l'exécute lui-même afin de joindre l'exemple au principe, et il commande :

1. *Peloton en avant.*
2. MARCHE.

Au premier commandement, les élèves portent le poids du corps sur la jambe droite.

Au commandement de *marche*, ils portent le pied gauche en avant, à une distance proportionnée à leur taille, la pointe du pied légèrement tournée en dehors ainsi que le genou; ils posent, sans frapper, le pied gauche à plat, tout le poids du corps se portant sur le pied qui pose à terre. Les élèves portent ensuite la jambe droite en avant, le pied passant près de terre, le posent à la même distance et de la même manière qu'il vient d'être expliqué pour le pied gauche, et continuent de marcher ainsi, sans que les jambes se croisent, sans que les épaules tournent, en laissant aux bras un mouvement d'oscillation naturelle, et la tête restant toujours dans la position directe.

Lorsque le professeur veut arrêter la marche, il commande :

1. *Peloton.*
2. HALTE.

Au commandement de *halte*, qui s'exécute indistinctement sur l'un ou l'autre pied, mais qui se fait un moment avant que l'on soit prêt à poser le pied à terre, les élèves rapportent le pied qui est en arrière à côté de l'autre, sans frapper.

Le professeur indique de temps en temps aux élèves la cadence du pas, en faisant le commandement de *un* quand le pied gauche pose à terre, et celui de *deux* quand c'est le pied droit, et en observant la cadence de cent dix à la minute.

PRENDRE LES DISTANCES

POUR L'EXÉCUTION DES EXERCICES ÉLÉMENTAIRES

Prendre la petite distance sur la droite.

Le professeur commande :

1. *Attention.*
2. *Sur la droite prenez la petite distance.*
3. MARCHE.
4. *A droite.* — ALIGNEMENT.
5. FIXE.

Le commandement *attention* n'est qu'un commande-

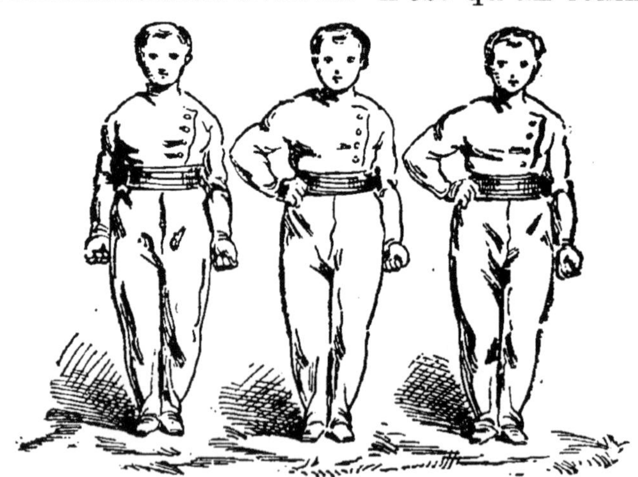

ment d'avertissement pour fixer l'attention des élèves, avant chaque exercice.

Au deuxième commandement, les élèves, excepté le premier de chaque peloton, placent la main droite sur la hanche, les doigts en avant, le pouce en arrière.

Au troisième commandement, ils se portent à gauche, de manière que leur coude droit touche légèrement le bras gauche de leur voisin de droite.

Au quatrième commandement, les élèves tournent la tête à droite et s'alignent d'après les principes prescrits à la page 4.

Au cinquième commandement, ils laissent tomber le bras droit et reprennent la position dans le rang, les poings fermés, les ongles en avant

Prendre la petite distance sur la gauche.

Ce mouvement s'exécute d'après les mêmes principes et par les moyens inverses de ceux qu'on emploie pour prendre la petite distance sur la droite.

Prendre la petite distance sur le centre.

Le professeur, après avoir désigné l'élève du centre de chaque peloton, commande :

1. *Attention.*
2. *Sur le centre prenez la petite distance.*
3. MARCHE.
4. *Sur le centre* — ALIGNEMENT.
5. FIXE.

Au deuxième commandement, l'élève du centre de chaque peloton ne bouge pas; ceux de gauche placent la main droite sur la hanche et ceux de droite placent la main gauche.

Au troisième commandement, ils prennent leur distance en se portant à droite et à gauche.

Au quatrième commandement, ils s'alignent sur le centre d'après les principes prescrits.

Au cinquième commandement, ils laissent tomber le bras dans le rang et replacent la tête directe.

Prendre la grande distance sur la droite.

Le professeur commande :

1. *Attention.*

2. *Sur la droite prenez la grande distance.*
3. MARCHE.
4. *A droite,* — ALIGNEMENT.
5. FIXE.

Au deuxième commandement, tous les élèves, excepté

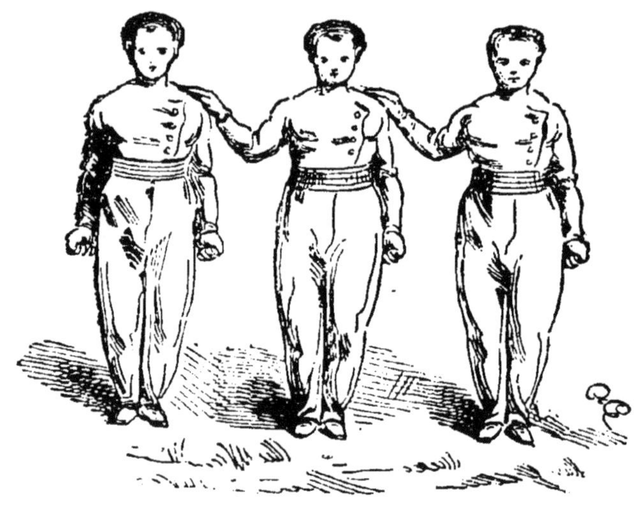

le premier de chaque peloton, portent la main droite sur l'épaule gauche de leurs voisins de droite.

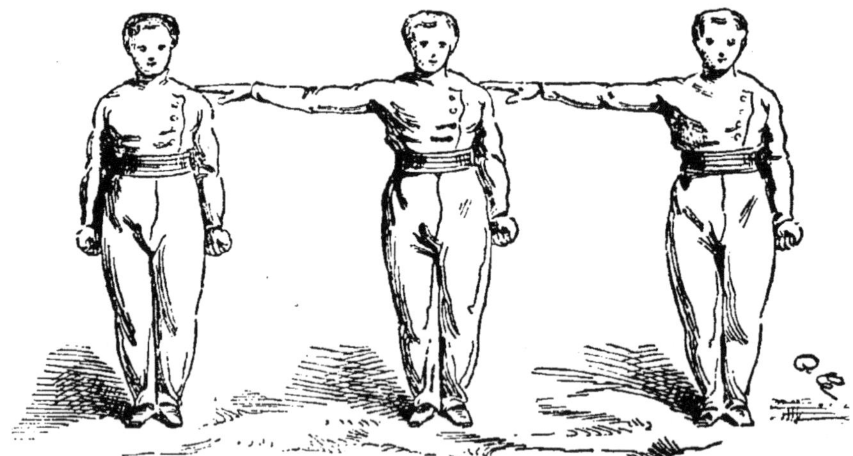

Au troisième commandement, ils se portent à gauche,

allongent le bras droit de toute sa longueur, maintiennent les épaules carrément et réunissent les talons.

Au quatrième commandement, les élèves s'alignent à droite, d'après les principes prescrits.

Au cinquième commandement, ils laissent tomber le bras droit et reprennent la position dans le rang, les poings fermés, les ongles en avant.

Prendre la grande distance sur la gauche.

Ce mouvement s'exécute d'après les mêmes principes et par les moyens inverses de ceux qu'on emploie pour prendre la grande distance sur la droite.

Prendre la grande distance sur le centre.

Le professeur commande :

1. *Attention.*
2. *Sur le centre prenez la grande distance.*
3. MARCHE.
4. *Sur le centre,* — ALIGNEMENT.
5. FIXE.

Au deuxième commandement, l'élève du centre de

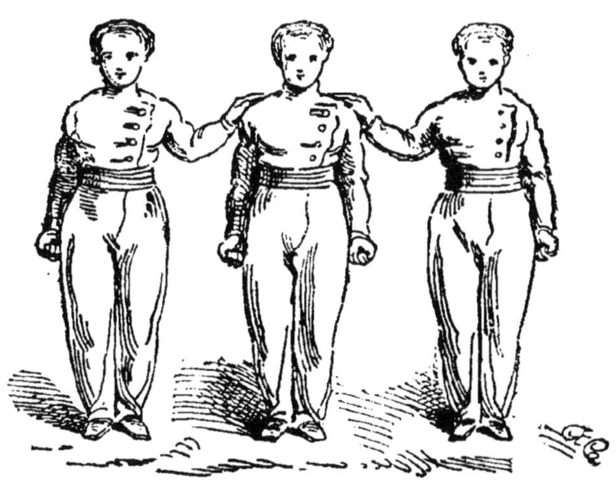

chaque peloton ne bouge pas; ceux de gauche placent la main droite sur l'épaule gauche de leurs voisins de droite, et ceux de droite placent la main gauche sur l'épaule droite de leurs voisins de gauche.

Au troisième commandement, les élèves de gauche se portent à gauche et ceux de droite se portent à droite.

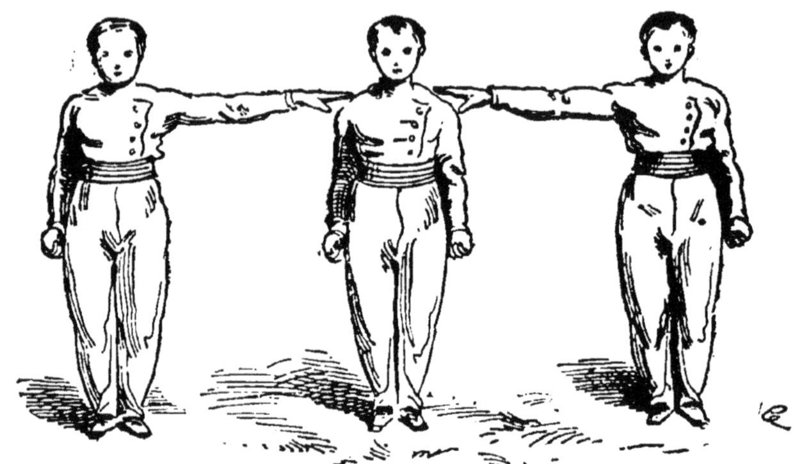

Au quatrième commandement, tous s'alignent sur le centre.

Au cinquième commandement, ils laissent tomber le bras dans le rang et replacent la tête directe.

Serrer les intervalles.

Le professeur commande :

1. *Sur la droite, sur la gauche, ou sur le centre, serrez les intervalles.*

2. MARCHE.

Au commandement de *marche*, les élèves appuyent sur la droite, sur la gauche ou sur le centre, et se placent coude à coude.

EXERCICES ÉLÉMENTAIRES

(PREMIÈRE SÉRIE)

Les pelotons étant formés et les élèves ayant pris la grande ou la petite distance, le professeur leur fait exécuter les exercices élémentaires dans l'ordre suivant :

1er Exercice. — **Tourner la tête à droite et à gauche.**

Le professeur commande :

1. *Attention.*
2. *Tournez la tête à droite et à gauche.*
3. UN.
4. DEUX.
5. FIXE.

Au commandement de *un*, tourner très-lentement la tête vers l'épaule droite, en donnant à ce mouvement le plus d'extension possible.

Au commandement de *deux*, la tourner de la même manière vers l'épaule gauche, et continuer ainsi.

Au commandement de *fixe*, cesser ce mouvement, et replacer la tête dans la position directe.

2e Exercice. — **Fléchir la tête en avant et en arrière.**

Le professeur commande :

1. *Attention.*
2. *Flexion de la tête en avant et en arrière.*
3. UN.
4. DEUX.
5. FIXE.

Au commandement de *un*, incliner la tête vers la poitrine.

Au commandement de *deux*, la relever, l'incliner en arrière et continuer ainsi

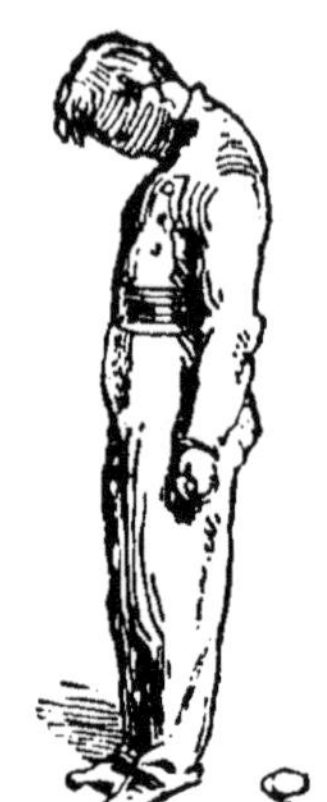

Au commandement de *fixe*, replacer la tête droite.

3e Exercice. — **Fléchir la tête vers la gauche et vers la droite.**

Le professeur commande :

1. *Attention.*
2. *Flexion de la tête vers la gauche et vers la droite.*
3. UN.
4. DEUX.
5. FIXE.

Au commandement de *un*, incliner lentement la tête vers la gauche, comme si on voulait la coucher sur l'épaule.

Au commandement de *deux*, la redresser et l'incliner de même vers la droite. Continuer ainsi.

Au commandement de *fixe*, replacer la tête droite.

4e Exercice. — **Mouvement vertical des bras sans flexion, en deux temps.**

Le professeur commande :

1. *Attention.*

2. *Elevez et abaissez les bras sans flexion; en deux temps.*
3. COMMENCEZ.
4. CESSEZ.

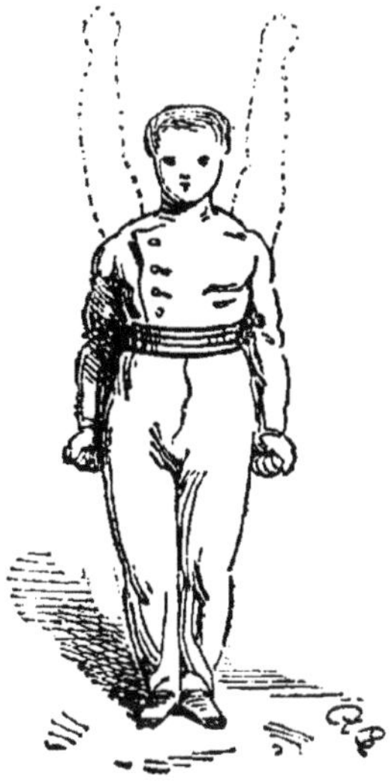

Au commandement de *commencez*, élever vivement les bras verticalement sans les fléchir, les poings fermés, les ongles en dedans, en comptant *un*; les ramener de même à la première position, en comptant *deux*: continuer jusqu'au commandement de *cessez*.

5e EXERCICE. — **Mouvement alternatif des avant-bras** *(flexion et extension)*, **en deux temps.**

Le professeur commande :
1. *Attention.*
2. *Mouvement alternatif des avant-bras. en deux temps.*
3. COMMENCEZ.
4. CESSEZ.

Au commandement de *commencez*, plier le bras droit, le coude restant près du corps; porter le poing à l'épaule, en comptant *un*; développer le bras et ramener le poing près de la cuisse, en comptant *deux*.

Exécuter le même mouvement du bras gauche et continuer ainsi jusqu'au commandement de *cessez*.

6e EXERCICE. — **Mouvement simultané des avant-bras** *(flexion et extension)*, **en deux temps.**

Le professeur commande :
1. *Attention.*
2. *Mouvement simultané des avant-bras; en deux temps.*
3. COMMENCEZ.
4. CESSEZ.

Au commandement de *commencez*, plier les bras, les coudes restant près du corps; porter les poings aux épaules, en comptant *un*; développer les bras et ramener les poings près des cuisses, en comptant *deux* et continuer jusqu'au commandement de *cessez*.

7e EXERCICE. — **Mouvement alternatif et vertical des bras** *(flexion et extension)*, **en quatre temps.**

Le professeur commande :

1. *Attention.*
2. *Mouvement alternatif et vertical des bras; en quatre temps.*
3. COMMENCEZ.
4. CESSEZ.

Au commandement de *commencez*, fléchir le bras droit et porter le poing à l'épaule, en comptant *un;* élever ensuite le bras verticalement, en comptant *deux;* ramener le poing à l'épaule, en comptant *trois;* laisser tomber le bras à sa première position, en comptant *quatre.*

Exécuter le même mouvement du bras gauche et continuer ainsi jusqu'au commandement de *cessez.*

8e EXERCICE. — **Mouvement simultané et vertical des bras** *(flexion et extension)*, **en quatre temps.**

Le professeur commande :

1. *Attention.*
2. *Mouvement simultané et vertical des bras; en quatre temps.*
3. COMMENCEZ.
4. CESSEZ.

Au commandement de *commencez*, fléchir les bras et porter les poings aux épaules, en comptant *un;* élever les bras verticalement, en comptant *deux;* ramener les poings aux épaules en comptant *trois;* laisser tomber les bras à leur première position, en comptant *quatre.* Continuer ainsi jusqu'au commandement de *cessez.*

9e EXERCICE. — **Mouvement alternatif de flexion et d'extension des articulations des pieds, les mains sur les hanches; en deux temps.**

Le professeur commande :

1. *Attention.*
2. *Mouvement alternatif de flexion et d'extension des pieds; en deux temps.*
3. MAINS SUR LES HANCHES.
4. COMMENCEZ.
5. CESSEZ.

Au troisième commandement, placer les mains sur les hanches, les doigts réunis en avant, les pouces en arrière.

Au commandement de *commencez*, lever les talons l'un après l'autre, le plus possible à temps égaux, la pointe des pieds ne quittant pas le sol, le corps restant droit et en équilibre.

Continuer jusqu'au commandement de *cessez*.

A ce commandement, cesser le mouvement et laisser tomber les bras à leur première position.

10e EXERCICE. — **Mouvement d'extension des membres inférieurs et élévation du corps sur la pointe des pieds, les mains sur les hanches; en deux temps.**

Le professeur commande :

1. *Attention.*
2. *Elévation du corps sur la pointe des pieds; en deux temps.*
3. MAINS SUR LES HANCHES.
4. COMMENCEZ.
5. CESSEZ.

Au troisième commandement, placer les mains sur les hanches.

Au commandement de *commencez*, élever le corps sur la pointe des pieds, les jarrets tendus, en comptant *un*; ramener les talons à terre, en comptant *deux*, et continuer le mouvement jusqu'au commandement de *cessez*.

11° EXERCICE. — **Flexion des extrémités inférieures et mouvement vertical des bras; en quatre temps.**

Le professeur commande :

1. *Attention.*
2. *Flexion des extrémités inférieures et mouvement vertical des bras; en quatre temps.*
3. EN POSITION
4. COMMENCEZ.
5. CESSEZ

Au troisième commandement, rapprocher les pieds l'un contre l'autre et porter le haut du corps un peu en avant.

Au commandement de *commencez*, abaisser le corps en pliant les jarrets, de manière que les cuisses touchent, autant que possible, les mollets, en comptant *un*; les bras tombant naturellement, le poids du corps portant sur la pointe des pieds, se relever, le corps d'aplomb, fléchir les bras et porter les poings aux épaules, en comptant *deux*; élever les bras verticalement, en comptant *trois*; ramener les poings à hauteur des épaules, en comptant *quatre*, et répéter le mouvement, en partant de cette dernière position.

Au commandement de *cessez*, laisser tomber les bras à leur première position et ouvrir la pointe des pieds.

12° EXERCICE. — **Mouvement horizontal des bras en avant; en deux temps.**

Le professeur commande :

1. *Attention.*

2. *Mouvement horizontal des bras en avant; en deux temps*
3. EN POSITION.
4. COMMENCEZ.
5. CESSEZ.

Au troisième commandement, placer les bras horizontalement en avant, les poings fermés, les ongles en dedans.

Au commandement de *commencez*, retirer vivement les coudes en arrière, en rasant le corps, les bras fléchis, en comptant *un*; les reporter en avant, en comptant *deux*; et continuer ainsi jusqu'au commandement de *cessez*.

A ce commandement, laisser tomber les bras à leur première position.

13e Exercice. — **Mouvement de flexion et d'extension des bras portés alternativement en avant; en quatre temps.**

Le professeur commande :

1. *Attention.*
2. *Mouvement alternatif de flexion et d'extension des bras en avant; en quatre temps.*
3. COMMENCEZ.
4. CESSEZ.

Au commandement de *commencez*, fléchir le bras droit et porter le poing à l'épaule, en comptant *un*; étendre le bras en avant, en comptant *deux*, ramener le poing à l'épaule, en comptant *trois*; laisser tomber le bras à sa première position, en comptant *quatre*.

Exécuter le même mouvement du bras gauche et continuer, des deux bras alternativement, jusqu'au commandement de *cessez*.

14e Exercice. — **Mouvement de flexion et d'extension des bras portés simultanément en avant; en quatre temps.**

Le professeur commande :

1. *Attention.*
2. *Mouvement simultané de flexion et d'extension des bras en avant; en quatre temps.*

3. COMMENCEZ.

4. CESSEZ.

Au commandement de *commencez*, fléchir les bras et porter les poings aux épaules, en comptant *un*; étendre les bras en avant, en comptant *deux;* ramener les poings aux épaules, en comptant *trois;* laisser tomber les bras à leur première position, en comptant *quatre.*

Continuer ainsi jusqu'au commandement de *cessez.*

15e Exercice. — **Mouvement alternatif des bras** *(flexion et extension)* **et des jambes en avant; en quatre temps.**

Le professeur commande :

1. *Attention.*

2. *Mouvement alternatif des bras et des jambes en avant; en quatre temps.*

3. COMMENCEZ.

4. CESSEZ.

Au commandement de *commencez*, fléchir le bras droit et porter le poing à l'épaule, en comptant *un*; étendre le bras horizontalement en portant le pied droit en avant (1), en comptant *deux;* le jarret droit plié, la jambe gauche tendue, ramener le poing à l'épaule, en comptant *trois;* rapporter le talon droit à côté du gauche et laisser tomber le bras à sa première position, en comptant *quatre.*

Continuer jusqu'au commandement de *cessez.*

Exécuter le même mouvement avec les extrémités gauches.

16e Exercice. — **Mouvement simultané des bras** *(flexion et extension)* **et alternatif des jambes en avant; en quatre temps.**

Le professeur commande :

1. *Attention.*

2. *Mouvement simultané des bras et alternatif des jambes en avant; en quatre temps.*

(1) Toutes les fois que les élèves déplaceront un pied, soit à droite, soit à gauche, soit en avant, soit en arrière, ils le porteront à une distance proportionnée à leur taille, de manière à n'être pas gênés dans la position.

3. COMMENCEZ.
4. CESSEZ.

Au commandement de *commencez*, fléchir les bras et porter les poings aux épaules, en comptant *un ;* étendre les bras horizontalement, en portant le pied droit en avant, en comptant *deux ;* le jarret droit plié, la jambe gauche tendue, ramener les poings aux épaules, en comptant *trois ;* rapporter le talon droit à côté du gauche et laisser tomber les bras à leur première position, en comptant *quatre.*

Continuer ce mouvement, des deux jambes alternativement, jusqu'au commandement de *cessez.*

17e EXERCICE. — **Flexion des articulations des extrémités inférieures, les bras placés horizontalement; en trois temps.**

Le professeur commande :

1. *Attention.*
2. *Flexion des extrémités inférieures, les bras placés horizontalement ; en trois temps.*
3. EN POSITION.
4. COMMENCEZ.
5. CESSEZ.

Au troisième commandement, rapprocher les pieds l'un contre l'autre et porter le haut du corps un peu en avant.

Au commandement de *commencez*, abaisser le corps en pliant les jarrets, de manière que les cuisses touchent, autant que possible, les mollets, en comptan *un*, les bras tombant naturellement, le poids du corps portant sur la pointe des pieds ; étendre parallèlement les bras en avant, les poings à hauteur des épaules, en comptant *deux ;* se relever, le corps d'aplomb, et laisser tomber les bras à leur première position, en comptant *trois.*

Continuer ainsi jusqu'au commandement de *cessez.*

A ce commandement, reprendre la première position.

18e Exercice. — **Flexion des articulations des extrémités inférieures, les bras placés verticalement; en trois temps.**

Le professeur commande :

1. *Attention.*
2. *Flexion des extrémités inferieures, les bras placés verticalement; en trois temps.*
3. EN POSITION.
4. COMMENCEZ.
5. CESSEZ.

Au troisième commandement, rapprocher les pieds l'un contre l'autre et porter le haut du corps un peu en avant.

Au commandement de *commencez*, abaisser le corps, en pliant les jarrets, de manière que les cuisses touchent, autant que possible, les mollets, en comptant *un*, les bras tombant naturellement, le poids du corps portant sur la pointe des pieds; élever les bras parallèlement et verticalement, en comptant *deux;* se relever, le corps d'aplomb, et laisser tomber les bras à leur première position, en comptant *trois.*

Continuer ainsi jusqu'au commandement de *cessez.*

A ce commandement, reprendre la première position.

19e Exercice. — **Flexion de la jambe sur la cuisse** *(cadence modérée, accélérée ou de course).*

Le professeur commande :

1. *Attention.*
2. *Flexion de la jambe sur la cuisse (cadence modérée, accélérée ou course)*
3. MARCHE.
4. *Peloton.* — HALTE.

Au commandement de *marche,* fléchir la jambe gauche en arrière, en conservant la cuisse et le corps droits; ramener le pied à terre; exécuter le même mouvement de la jambe droite et continuer ainsi jusqu'au commandement de peloton, — *halte.*

A ce commandement, rapporter le pied qui est en l'air à côté de l'autre.

20e EXERCICE. — **Flexion et élévation de la cuisse sur le tronc, la jambe en demi-flexion** *(cadence modérée, accélérée ou de course)*.

Le professeur commande :

1. *Attention.*
2. ***Flexion et élévation des jambes (cadence modérée, accélérée ou de course).***
3. MARCHE.
4. *Peloton,* — HALTE.

Au commandement de *marche*, élever le genou droit, la cuisse placée horizontalement, la jambe tombant naturellement, la pointe du pied baissée et légèrement tournée en dehors, et ramener le pied à terre. Exécuter le même mouvement de la jambe gauche et continuer ainsi jusqu'au commandement de peloton, — *halte.*

Dans la cadence de course, le mouvement s'exécute par un sautillement alternatif sur la pointe des pieds.

Cet exercice s'exécute aussi en plaçant les mains sur les hanches.

21e EXERCICE. — **Mouvement simultané** *(exercice pyrrhique)* **des extrémités droites** *(ou gauches)*, **en avant** (1).

Le professeur commande :

1. *Attention.*
2. *Exercice pyrrhique, les extrémités droites en avant.*
3. EN POSITION.
4. MARCHE.
5. *Peloton,* — HALTE.

(1) Afin de pouvoir exécuter ces mouvements avec grâce et sans trop de fatigue, les élèves devront être préalablement exercés à faire des mouvements de pronation, de supination du poignet, en traçant dans l'espace un huit de chiffre.

Au troisième commandement, faire un demi-à-gauche

sur le talon gauche, porter le pied droit en avant, le jarret plié, la jambe gauche tendue, le bras droit allongé en avant, le poing fermé et à hauteur de l'épaule, les ongles légèrement en dessus, le bras gauche le long du corps, le poing fermé et détaché de la cuisse, la tête droite, l'épaule gauche effacée.

Au commandement de *marche*, redresser le corps, rapporter le pied droit près du milieu du pied gauche, tourner en même temps l'avant-bras droit de manière que, décrivant un cercle de bas en haut, le poignet vienne raser la poitrine; développer le bras vigoureusement, reporter le pied droit en avant, la jambe gauche tendue, le pied à plat, le bras gauche restant allongé le long de la cuisse.

Cet exercice est soumis à un rhythme : compter *un* lorsque le pied droit pose à terre, répéter le même mouvement, en comptant *deux*, et continuer ainsi, en comptant *un, deux, un, deux*; jusqu'au commandement de peloton, — *halte*.

A ce commandement, se redresser, faire un demi-à-droite sur le talon gauche et revenir à la première position.

On exerce les extrémités gauches d'après les mêmes principes.

22e Exercice. — **Flexion du corps en avant et en arrière, les mains dirigées vers le sol; en deux temps.**

Le professeur commande :

1. *Attention.*
2. *Flexion du corps en avant et en arrière; en deux temps.*
3. EN POSITION.

4. COMMENCEZ.

5. CESSEZ.

Au troisième commandement, rapprocher les pieds l'un contre l'autre.

Au commandement de *commencez*, fléchir le corps en avant sans plier les jarrets; toucher le sol avec l'extré-

mité des doigts, la paume des mains tournée vers le corps, en comptant *un;* se redresser, courber le corps en arrière, en comptant *deux;* les épaules effacées, les bras fléchis, les poings fermés et les coudes en arrière.

Fléchir de nouveau le corps en avant et continuer ainsi jusqu'au commandement de *cessez*.

A ce commandement, reprendre la première position.

23e Exercice. — **Flexion latérale du corps, à droite et à gauche, les mains sur les hanches; en deux temps.**

Le professeur commande :

1. *Attention.*

2. *Flexion latérale du corps à droite et à gauche; en deux temps.*

3. MAINS SUR LES HANCHES.

4. COMMENCEZ.

5. CESSEZ.

Au troisième commandement, placer les mains sur les hanches.

Au commandement de *commencez*, pencher, le plus possible, le haut du corps à droite, en comptant *un;* se redresser ensuite dans la position verticale, exécuter le même mouvement à gauche, en comptant *deux;* et continuer ainsi jusqu'au commandement de *cessez*.

A ce commandement, reprendre la première position.

24e Exercice. — **Flexion du corps en avant sur la cuisse droite** *(ou gauche)* **et mouvement vertical des bras; en quatre temps.**

Le professeur commande :

1. *Attention.*
2. *Flexion du corps en avant sur la cuisse droite, et mouvement vertical des bras; en quatre temps.*
3. EN POSITION.
4. COMMENCEZ.
5. CESSEZ.

Au troisième commandement, porter le pied droit en avant, le jarret plié, la jambe gauche tendue.

Au commandement de *commencez*, incliner fortement le haut du corps en avant en conservant le jarret gauche tendu, et porter les poings près du sol, en comptant *un;* se redresser, porter les poings aux épaules, en comptant *deux*; développer les bras verticalement, en comptant *trois;* ramener les poings aux épaules, en comptant *quatre*.

Continuer ainsi, en partant de cette dernière position, jusqu'au commandement de *cessez*.

A ce commandement, laisser tomber les bras à leur première position et rapprocher le talon droit du talon gauche.

Exécuter le même exercice sur la jambe gauche.

Cet exercice s'exécute aussi en pivotant sur les talons (*volte-face*).

EXERCICES DE LA CANNE

Ou de la barre à sphères

(PREMIÈRE SÉRIE)

Les pelotons étant formés comme il est indiqué à la page 3, et les élèves tenant dans la main gauche la canne placée verticalement sur le côté, le professeur leur fait prendre la grande distance, et, après le commandement de *fixe*, i commande :

1. *Numéros pairs, deux ou trois pas en avant.*
2. MARCHE.

Au commandement de *marche*, les numéros pairs se portent à deux pas en avant.

Le professeur commande ensuite :

3. LA CANNE DANS LES DEUX MAINS.

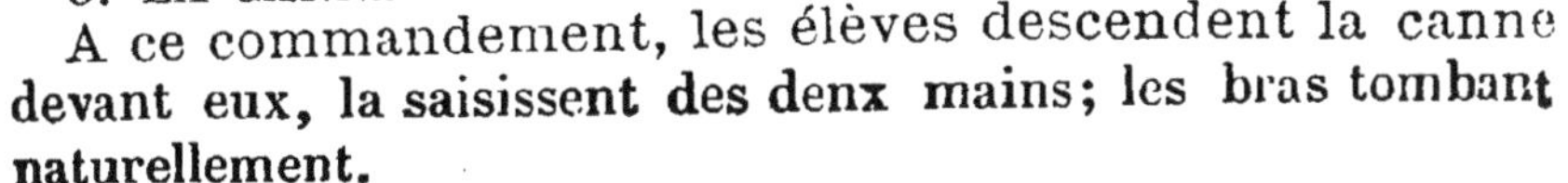
A ce commandement, les élèves descendent la canne devant eux, la saisissent des denx mains; les bras tombant naturellement.

1er EXERCICE. — **Élever la canne et la porter horizontalement en avant; en quatre temps.**

Le professeur commande :

1. *Attention.*
2. *Elevez et portez la canne horizontalement en avant; en quatre temps.*
3. COMMENCEZ.
4. CESSEZ.

Au commandement de *commencez*, élever la canne à hauteur des épaules, en comptant *un*; la porter horizontalement en avant, en comptant *deux*; la ramener près des épaules, en comptant *trois*; revenir à la première position, en comptant *quatre*.

Continuer ainsi jusqu'au commandement de *cessez*.

2e EXERCICE. — **Elever la canne et la porter horizontalement à gauche et à droite; en deux temps.**

Le professeur commande :

1. *Attention.*
2. *Elevez et portez la canne horizontalement à gauche et à droite; en deux temps.*
3. EN POSITION.
4. COMMENCEZ.
5. CESSEZ.

Au troisième commandement, élever la canne à hauteur des épaules.

Au commandement de *commencez*, porter la canne horizontalement à gauche, le bras gauche développé, le droit raccourci et près du corps, en comptant *un*; la porter ensuite à droite en développant le bras droit, le gauche raccourci et près du corps, en comptant *deux*.

Continuer ainsi jusqu'au commandement de *cessez*.

A ce commandement, ramener la canne vers le milieu du corps, et la replacer ensuite à sa première position

3e EXERCICE. — **Élever la canne et la porter horizontalement à droite et à gauche; en quatre temps.**

Le professeur commande :

1. *Attention.*
2. *Elevez et portez la canne horizontalement à droite et à gauche; en quatre temps.*

3. COMMENCEZ.
4. CESSEZ.

Au commandement de *commencez*, élever la canne à hauteur des épaules, en comptant *un*; la lancer horizontalement à droite, en comptant *deux;* la ramener vers le milieu du corps, en comptant *trois;* revenir à la première position, en comptant *quatre.*

Exécuter le même exercice du côté gauche et continuer jusqu'au commandement de *cessez.*

4e Exercice. — **Faire passer, sans interruption, la canne autour du corps; en deux temps.**

Le professeur commande :

1. *Attention.*
2. *Mouvement continu de la canne autour du corps; en deux temps.*
3. COMMENCEZ.
4. CESSEZ.

Au commandement de *commencez*, élever la canne avec la main droite; passer l'avant-bras par-dessus la tête, la main gauche restant à sa position, allonger le bras droit en arrière, en comptant *un;* élever ensuite la canne avec la main gauche, passer l'avant-bras par-dessus la tête, la main droite restant à sa position, allonger le bras gauche en avant, en comptant *deux.*

Continuer sans s'arrêter ce mouvement alternatif jusqu'au commandement de *cessez.*

Le mouvement par la gauche s'exécute d'après les mêmes principes et par les moyens inverses.

5e Exercice. — **Faire passer la canne par-dessus la tête, en avant et en arrière; en deux temps.**

Le professeur commande :

1. *Attention.*
2. *Passez la canne par-dessus la tête, en avant et en arrière; en deux temps*

3. COMMENCEZ.

4. CESSEZ.

Au commandement de *commencez*, faire passer la canne par-dessus la tète, les bras allongés, la descendre derrière le corps, le plus possible, sans cambrer les reins, en comptant *un*; faire repasser la canne par-dessus la tête, les bras allongés, la ramener à sa première position, en comptant *deux*.

Continuer ainsi jusqu'au commandement de *cessez*.

6e EXERCICE. — **Elever la canne et la porter horizontalement en avant, avec mouvement de jambes; en quatre temps.**

Le professeur commande :

1. *Attention.*

2. *Élevez et portez la canne horizontalement en avant avec mouvement de jambes; en quatre temps.*

3. COMMENCEZ.

4. CESSEZ.

Au commandement de *commencez*, élever la canne à hauteur des épaules, en comptant *un*; la lancer horizontalement devant soi, et porter le pied droit en avant, en comptant *deux*; la jambe droite pliée, le jarret gauche tendu, ramener la canne près du corps, en comptant *trois*; rapprocher le pied droit du gauche et descendre la canne à sa première position, en comptant *quatre*.

Continuer ce mouvement, des deux jambes alternativement, jusqu'au commandement de *cessez*.

7e Exercice. — **Porter la canne verticalement, à droite et à gauche, en fléchissant le corps; en deux temps.**

Le professeur commande :

1. *Attention.*
2. *Portez la canne verticalement à droite et à gauche en fléchissant le corps; en deux temps.*
3. EN POSITION.
4. COMMENCEZ.
5. CESSEZ.

Au troisième commandement, élever la canne au-dessus de la tête, les bras allongés, les yeux suivant le mouvement.

Au commandement de *commencez*, pencher le corps à droite, porter la canne verticalement sur le côté, le bras gauche au-dessus de la tête, les jambes légèrement pliées, en comptant *un*; ramener la canne au-dessus de la tête, en redressant le corps, et exécuter, sans s'arrêter, le même mouvement du côté gauche, en comptant *deux*.

Continuer ainsi jusqu'au commandement de *cessez*.

A ce commandement, revenir à la première position.

8e Exercice. — **Flexion des extrémités inférieures, la canne étant placée verticalement derrière le corps; en trois temps.**

Le professeur commande :

1. *Attention.*
2. *Flexion des extrémités inférieures, la canne placée verticalement derrière le corps; en trois temps.*
3. COMMENCEZ.
4. CESSEZ.

Au commandement de *commencez*, élever la canne avec la main droite, passer l'avant-bras par-dessus la tête, la main gauche placée en arrière, la paume en avant, maintenir la canne à la position verticale, en comptant *un*; fléchir les jarrets, diriger l'extrémité de la canne vers le sol, en comptant *deux*: se redresser, repasser l'avant-bras droit par-dessus la tête et revenir à la première position, en comptant *trois*.

Exécuter le même mouvement du côté gauche et continuer ainsi jusqu'au commandement de *cessez*.

9e Exercice. — **Flexion du corps en avant sur la cuisse droite** *(ou gauche)* **et mouvement vertical du bras droit (*ou gauche*), la main libre placée sur la hanche ; en quatre temps.**

Le professeur commande :

1. *Attention.*
2. *Flexion du corps sur la jambe droite et mouvement vertical du bras droit; en quatre temps.*
3. EN POSITION.
4. COMMENCEZ.
5. CESSEZ.

Au troisième commandement, saisir la canne par le milieu avec la main droite; placer la main gauche sur la hanche et porter le pied droit en avant.

Au commandement de *commencez*, courber le corps en avant, le jarret droit fléchi, la jambe gauche tendue, porter la canne en avant du pied droit et près du sol, en comptant *un*; se redresser en montant la canne près du corps, jusqu'à hauteur des épaules, en comptant *deux*; élever la canne au-dessus de la tête, en renversant le haut du corps en arrière, en comptant *trois*; la ramener à hauteur des épaules, en comptant *quatre*.

Continuer le mouvement, en partant de cette dernière position, jusqu'au commandement de *cessez*.

A ce commandement, descendre la canne à sa position; la ressaisir des deux mains, et ramener le pied droit à côté du gauche.

Exécuter le même exercice avec les extrémités gauches.

10° Exercice. — **Grand cercle en avant sur le pied droit** *(ou gauche)*; **en deux temps.**

Le professeur commande :

1. *Attention.*
2. *Grand cercle en avant sur le pied droit; en deux temps.*
3. EN POSITION.
4. COMMENCEZ.
5. CESSEZ.

Au troisième commandement, porter le pied droit en avant.

Au commandement de *commencez*, faire monter la canne le long du corps en se renversant en arrière et en courbant les poignets; tourner ensuite la paume des mains en avant, au moment où la canne passe à hauteur des épaules; continuer de l'élever le plus possible au-dessus de la tête, en comptant *un;* la descendre devant soi, les bras allongés, de manière à lui faire décrire un cercle, en comptant *deux;* la faire monter de nouveau près du corps, en se renversant en arrière, et continuer jusqu'au commandement de *cessez.*

A ce commandement, cesser le mouvement et ramener le pied droit à côté du gauche.

L'exercice sur le pied gauche s'exécute d'après les mêmes principes.

11° Exercice. — **Flexion du corps en avant sur la jambe droite** *(ou gauche)* **et mouvement vertical de la canne; en quatre temps.**

Le professeur commande :

1. *Attention.*
2. *Flexion du corps en avant sur la jambe droite, et mouvement vertical de la canne ; en quatre temps.*
3. EN POSITION.
4. COMMENCEZ.
5. CESSEZ.

Au troisième commandement, porter le pied droit en avant, les jarrets tendus.

Au commandement de *commencez*, courber le corps

en avant, en fléchissant le jarret droit, la jambe gauche tendue; porter la canne en avant du pied droit et près du sol, en comptant *un;* se redresser en montant la canne près du corps, jusqu'à hauteur des épaules, en comptant *deux;* élever la canne au-dessus de la tête, en renversant le haut du corps en arrière, en comptant *trois;* la ramener à la hauteur des épaules en comptant *quatre*.

Continuer le mouvement, en partant de cette dernière position, jusqu'au commandement de *cessez*.

A ce commandement, descendre la canne à sa position et ramener le pied droit à côté du gauche.

Exécuter le même exercice sur la jambe gauche.

EXERCICES D'APPLICATION (1)

COURSES

Course cadencée.

Les élèves ayant pris la petite ou la grande distance, le professeur leur fait faire par le flanc droit (ou gauche) et place un moniteur en tête du peloton pour régler son pas et le conduire, puis il commande :

1. *Peloton en avant, course cadencée.*
2. EN POSITION.
3. MARCHE.

Au deuxième commandement, fléchir les bras, les coudes en arrière, les poings près des hanches et détachés du corps, les ongles un peu en dessus; porter en même temps le pied droit en avant, la jambe droite fléchie, portant le poids du corps; le talon gauche détaché du sol, le haut du corps un peu en avant, la tête droite, les épaules effacées.

Au commandement de *marche*, porter vivement le pied gauche en avant, la jambe légèrement fléchie, poser la pointe du pied à terre, à une distance conforme à la taille de l'élève; passer ensuite la jambe droite de la même manière, et continuer en portant le poids du corps sur le pied qui est à terre, laissant aux bras leur mouvement naturel.

Le professeur voulant arrêter le peloton, commande : *Peloton,* — HALTE.

A ce commandement, les élèves s'arrêtent, rapportent le pied qui est derrière à côté de l'autre et laissent tomber les bras à leur première position.

(1) A chaque séance, les exercices d'application doivent être précédés d'exercices élémentaires.

Pour remettre le peloton face en tête, le professeur commande :

FRONT.

A ce commandement, les élèves se remettent face en tête, par un à-gauche si l'on a fait par le flanc droit, et par un à-droite si l'on a fait par le flanc gauche.

Le professeur exerce aussi les élèves à changer de direction par file, à exécuter les à-droite et les à-gauche, le demi-tour à droite ainsi que les conversions.

Ces mouvements s'exécutent comme il est indiqué aux pages 73 et suivantes.

La vitesse de la course cadencée est, en moyenne, de deux cents mouvements par minute.

La durée de cette course est progressive (1).

Course sinueuse.

Les élèves étant sur un rang et par le flanc *(un moniteur placé en tête)*, le professeur commande :

1. *Peloton en avant, course cadencée.*
2. EN POSITION.
3. MARCHE.

Au deuxième commandement, prendre la position prescrite à la page 33.

Au commandement de *marche,* les élèves se mettent en mouvement et suivent le moniteur qui leur fait décrire en courant, tantôt un demi-cercle, tantôt un cercle; quelquefois il rétrograde; il avance, il va à droite et à gauche, etc., d'après l'indication du professeur.

Course en spirale.

Les élèves étant placés sur un rang et par le flanc, le professeur les fait courir en cercle, et commande ensuite :

FORMEZ LA SPIRALE.

A ce commandement, le moniteur, placé en tête du

(1) Pour que la course puisse durer longtemps, il est nécessaire de ménager le jeu des poumons et celui des muscles auxiliaires de la respiration. A cet effet, on ferme la bouche et l'on respire par le nez. De la sorte, les inspirations et les expirations ne s'opérant que sur un volume d'air peu considérable, les mouvements de la poitrine ont moins d'ampleur, la totalité du poumon ne fonctionne pas activement et la fatigue est plus lente à venir.

peloton, entre dans le cercle et forme la spirale, en diminuant la circonférence jusqu'à ce qu'il soit arrivé au point de centre.

Arrivé à ce point, il tourne à droite, ou à gauche, et développe la spirale en revenant en sens contraire du peloton qui continue à suivre ses traces, jusqu'au commandement de: *Peloton,* — HALTE.

Courses dans les chaînes gymnastiques.

Les élèves étant placés dans les chaînes gymnastiques, sur un rang, par le flanc et à trois pas d'intervalle, le professeur commande :

1. *Peloton en avant, course cadencée.*
2. EN POSITION.
3. MARCHE.

Au deuxième commandement, prendre la position indiquée à la page 33.

Au commandement de *marche*, se conformer aux principes prescrits.

Le moniteur parcourt successivement toutes les sinuosités des chaînes sans s'arrêter; les élèves le suivent en conservant leur distance.

Lorsque les élèves se rencontrent aux intersections des cercles (ou pistes), ils raccourcissent ou allongent le pas, afin de ne pas se heurter, et pour éviter que deux élèves passent dans le même intervalle.

Le professeur se place de manière à surveiller cet exercice dans tous ses détails, et arrêter le peloton lorsqu'il le juge convenable.

SAUTS DE PIED FERME.

Saut en avant à pieds joints.

Le professeur commande :

1. *Attention.*
2. *Saut en largeur en avant.*
3. UN.
4. DEUX.
5. TROIS.

Au deuxième commandement, l'élève réunit les pieds.

Au commandement de *un*, il fléchit les extrémités

inférieures en levant légèrement les talons et en portant les bras tendus en avant, les poings fermés; il se redresse ensuite en portant les bras en arrière.

Au commandement de *deux*, il répète ce mouvement.

Au commandement de *trois*, il recommence le même mouvement, étend vivement les jarrets en portant les bras en avant; franchit la distance, ou l'obstacle, tombe sur la pointe des pieds, fléchit et se redresse.

Saut en hauteur et profondeur.

Le professeur fait placer l'élève près de l'obstacle qu'il doit franchir, et commande :

1. *Attention.*
2. *Saut en hauteur et profondeur.*
3. UN.
4. DEUX.
5. TROIS.

A ces divers commandements, l'élève exécute ce qui a été prescrit pour le saut en largeur, avec cette différence qu'il lance les bras en l'air pour aider à l'ascension du corps, et qu'il raccourcit les jambes le plus possible

SAUTS PRECÉDÉS D'UNE COURSE

Saut en largeur en avant.

Le professeur désigne successivement chaque élève qui se porte à douze ou quinze pas du sautoir, ou de l'obstacle à franchir.

A l'avertissement du professeur, l'élève désigné part vivement, en observant de faire les mouvements de progression d'autant plus précipités qu'il approche davantage du point indiqué; arrivé à ce point, il presse le sol du pied qui est en avant, donne un fort mouvement d'extension à la jambe, s'élance le plus loin possible, le corps ramassé, les jambes pliées et réunies les bras tendus parallèlement, les poings fermés et hauteur des épaules, tombe à terre sur la pointe de pieds et fléchit, en conservant les bras tendus en avant, la tête droite.

Saut en largeur, hauteur et profondeur.

Ce saut s'exécute d'après les principes prescrits pour le saut précédent ; on se conforme toutefois, pour la position des bras, à ce qui est indiqué pour les sauts de pied ferme.

EXERCICES A L'AIDE DE MACHINES ou instruments

PETIT MAT.

Monter au petit mât à l'aide des mains et des pieds et descendre.

(Le professeur devra soutenir les élèves, et ne pas les faire monter trop haut pour commencer.)

L'élève saisit le petit mât, le plus haut possible, place contre lui le genou et le cou-de-pied droit (*ou gauche*), le talon et le mollet gauche (*ou droit*), serrant le côté opposé, élève le corps, en faisant effort des poignets, raccourcit les extrémités inférieures et presse le petit mât avec les jambes; il place ensuite les mains l'une au-dessus de l'autre, le plus haut possible; élève le corps en faisant effort des poignets, raccourcit les jambes, et continue de monter ainsi.

Pour descendre, l'élève exerce avec les extrémités inférieures une pression suffisante pour maitriser le mouvement, et détache successivement les mains en les portant l'une au-dessous de l'autre.

CORDE A CONSOLES

Monter à la corde à consoles à l'aide des mains et des pieds, et descendre.

L'élève saisit la corde le plus haut possible, élève le

corps en faisant effort des poignets, les jambes tendues, les talons joints, la pointe des pieds ouverte; pose simultanément les pieds sur chacun des côtés de la console qui se trouve à sa portée et serre la corde avec le bord interne de la plante des pieds.

Il saisit de nouveau la corde, le plus haut possible, fait effort des poignets et continue de monter ainsi.

Il descend d'après les mêmes principes, en saisissant la corde, à hauteur de la tête, des deux mains alternativement.

ÉCHELLE DE CORDE

Monter à l'échelle de corde à l'aide des mains et des pieds, et descendre.

L'élève saisit, le plus haut possible, les montants de l'échelle, pose les pieds sur un échelon, les genoux en dehors des montants, le poids du corps portant sur le bord externe de la plante des pieds; il élève ensuite la main gauche le long du montant, porte en même temps le pied droit sur l'échelon supérieur et se grandit sur le jarret droit.

Il exécute le même mouvement avec les autres extrémités et continue de monter ainsi, la tête droite, le corps rapproché de l'échelle.

Il descend d'après les mêmes principes.

CORDE A NŒUDS

Monter à la corde à nœuds, à l'aide des mains et des pieds, et descendre.

Cet exercice s'exécute d'après les principes prescrits pour l'exercice de la corde à consoles.

DEUXIÈME PARTIE

POUR LES ÉLÈVES DE NEUF A ONZE ANS.

Répétition des principaux exercices de la première partie auxquels on ajoute les suivants :

EXERCICES ÉLÉMENTAIRES

Par le flanc droit et gauche successivement.

(DEUXIÈME SÉRIE)

Les élèves étant placés comme il est indiqué à la page 3, et ayant pris la grande distance, le professeur leur fait faire par le flanc droit *(ou gauche)* pour l'exécution des exercices élémentaires suivants :

1er EXERCICE. — **Flexion et extension latérale des bras, les mains partant des épaules; en deux temps.**

Le professeur commande :

1. *Attention.*
2. *Flexion et extension latérale des bras ; en deux temps.*
3. COMMENCEZ.
4. CESSEZ.

Au commandement de *commencez*, plier les bras et porter les poings au-dessus des épaules, en comptant *un;* développer latéralement les bras de toute leur longueur, en comptant *deux*; reporter les poings au-dessus des épaules, en comptant *un;* étendre de nouveau les bras, en comptant *deux;* et continuer ainsi jusqu'au commandement de *cessez*, après lequel on laisse tomber les bras à leur première position.

2e EXERCICE. — **Mouvement d'extension des membres inférieurs sur la pointe des pieds, et élévation simultanée et latérale des bras au-dessus de la tête, les doigts allongés; en deux temps.**

Le professeur commande :

1. *Attention.*
2. *Mouvement d'extension sur la pointe des pieds, en élevant latéralement les bras au-dessus de la tête; en deux temps.*
3. COMMENCEZ.
4. CESSEZ.

Au commandement de *commencez*, élever le corps sur la pointe des pieds; tourner en même temps la paume des mains en avant et élever latéralement les bras tendus, les mains au-dessus de la tête, jusqu'à ce que les pouces viennent se toucher, en comptant *un;* ramener les talons à terre; laisser tomber les bras à leur première position, en comptant *deux;* et continuer jusqu'au commandement de *cessez.*

3e EXERCICE. — **Flexion et extension alternative et latérale des bras; en quatre temps.**

Le professeur commande :

1. *Attention.*
2. *Flexion et extension alternative et latérale des bras; en quatre temps.*
3. COMMENCEZ.
4. CESSEZ.

Au commandement de *commencez,* fléchir le bras droit et porter le poing à l'épaule, en comptant *un;* étendre le bras sur le côté, en comptant *deux;* ramener le poing à l'épaule, en comptant *trois;* laisser tomber le bras à sa première position, en comptant *quatre.*

Exécuter le même mouvement du bras gauche et continuer ainsi, alternativement des deux bras, jusqu'au commandement de *cessez.*

4e EXERCICE. — **Flexion et extension simultanée et latérale des bras; en quatre temps.**

Le professeur commande :

1. *Attention.*

2. *Flexion et extension simultanée et latérale des bras; en quatre temps.*

3. COMMENCEZ.

4. CESSEZ.

Au commandement de *commencez*, fléchir les bras et porter les poings aux épaules, en comptant *un;* étendre les bras sur les côtés, en comptant *deux;* ramener les poings aux épaules en comptant *trois;* laisser tomber les bras à leur première position, en comptant *quatre.*

Continuer ainsi jusqu'au commandement de *cessez.*

5e EXERCICE. — **Flexion et extension alternative et latérale des membres supérieurs et inférieurs; en quatre temps.**

Le professeur commande :

1. *Attention.*

2. *Flexion et extension alternative et latérale des bras et des jambes; en quatre temps.*

3. COMMENCEZ.

4. CESSEZ.

Au commandement de *commencez*, fléchir le bras droit et porter le poing à hauteur de l'épaule, en comptant *un;* étendre le bras en portant le pied droit sur le côté, la pointe en dehors, en comptant *deux;* le jarret droit fléchi, la jambe gauche tendue, reporter le poing à hauteur de l'épaule, en comptant *trois;* ramener le pied droit à côté du gauche et laisser tomber le bras à sa première position, en comptant *quatre.*

Continuer ainsi jusqu'au commandement de *cessez.*

Exécuter le même mouvement avec les extrémités gauches.

6e EXERCICE. — **Flexion et extension simultanée et latérale des membres supérieurs, et alternative des membres inférieurs; en quatre temps.**

Le professeur commande :

1. *Attention.*

2. *Flexion et extension simultanée et latérale des bras, et alternative des jambes; en quatre temps.*

3. COMMENCEZ.

4. CESSEZ.

Au commandement de *commencez*, fléchir les bras et porter les poings à hauteur des épaules, en comptant *un;* étendre les bras en portant le pied droit sur le côté, en comptant *deux;* la pointe du pied en dehors, le jarret droit fléchi, la jambe gauche tendue, ramener les poings aux épaules, en comptant *trois;* rapporter le pied droit à côté du gauche et laisser tomber les bras à leur position, en comptant *quatre.*

Continuer le mouvement des deux jambes alternativement, jusqu'au commandement de *cessez.*

7e Exercice. — **Flexion des jambes et mouvement horizontal des bras sur les côtés; en quatre temps.**

Le professeur commande :

1. *Attention.*
2. *Flexion des jambes et mouvement horizontal des bras sur les côtés ; en quatre temps.*
3. EN POSITION.
4. COMMENCEZ.
5. CESSEZ.

Au troisième commandement, rapprocher les pieds l'un contre l'autre, et porter le haut du corps un peu en avant.

Au commandement de *commencez,* abaisser lentement le corps en pliant les jarrets, de manière que les cuisses touchent les mollets; les bras pendant naturellement, le poids du corps sur la pointe des pieds, en comptant *un;* se relever ensuite graduellement, le corps d'aplomb; fléchir les bras et porter les poings aux épaules, en comptant *deux;* étendre les bras latéralement, en comptant *trois;* ramener les poings aux épaules, en comptant *quatre,* et continuer le mouvement, en partant de cette dernière position, jusqu'au commandement de *cessez.*

A ce commandement, laisser tomber les bras à leur position et ouvrir la pointe des pieds.

8e EXERCICE. — **Circumduction du bras droit et du bras gauche, alternativement, puis des deux bras simultanément.**

Le professeur commande :

1. *Attention.*
2. *Circumduction du bras droit.*
3. COMMENCEZ.
4. CESSEZ.

Au commandement de *commencez,* lancer avec force le bras droit tendu en avant, le poing fermé, et lui faire parcourir un cercle de bas en haut, le poing rasant la cuisse.

Continuer ainsi jusqu'au commandement de *cessez.*

Exécuter ensuite ce mouvement du bras gauche, et enfin des deux bras simultanément.

Cet exercice s'exécute aussi en sens inverse.

9e EXERCICE. — **Circumduction alternative des jambes, de dedans en dehors et de dehors en dedans, les mains sur les hanches.**

Le professeur commande :

1. *Attention.*
2. *Circumduction de la jambe droite, de dedans en dehors.*
3. MAINS SUR LES HANCHES.
4. COMMENCEZ.
5. CESSEZ.

Au troisième commandement, placer les mains sur les hanches et porter le poids du corps sur la jambe gauche.

Au quatrième commandement, porter la jambe droite tendue en avant, la pointe du pied baissée et tournée en dehors; faire parcourir au pied une circonférence de dedans en dehors, et continuer ce mouvement jusqu'au commandement de *cessez.*

A ce moment, rapporter le pied droit à côté du gauche et replacer les bras à leur première position.

Exécuter ensuite ce mouvement de la jambe gauche.

Le professeur fait aussi exécuter cet exercice en sens inverse.

10e EXERCICE. — **Mouvement alternatif et vertical des bras** *(flexion et extension)* **en les portant ensuite tendus sur les côtés; en quatre temps.**

Le professeur commande :

1. *Attention.*
2. *Mouvement alternatif et vertical des bras, en les portant ensuite tendus sur les côtés; en quatre temps.*
3. COMMENCEZ.
4. CESSEZ.

Au commandement de *commencez*, fléchir le bras droit et porter le poing à l'épaule, en comptant *un*, élever le bras verticalement, en comptant *deux;* le porter ensuite tendu sur le côté, en comptant *trois;* le ramener à la première position, en comptant *quatre.*

Exécuter le même mouvement du bras gauche, et continuer ainsi jusqu'au commandement de *cessez.*

Le même exercice s'exécute des deux bras simultanément.

11e EXERCICE. — **Mouvement alternatif des bras en avant** *(flexion et extension)* **en les portant ensuite tendus sur les côtés; en quatre temps.**

Le professeur commande :

1. *Attention.*
2. *Mouvement alternatif des bras en avant, en les portant ensuite tendus sur les côtés; en quatre temps.*
3. COMMENCEZ.
4. CESSEZ.

Au commandement de *commencez*, fléchir le bras droit et porter le poing à l'épaule, en comptant *un;* développer le bras en avant, en comptant *deux;* le porter tendu sur le côté, en comptant *trois;* le laisser tomber à sa première position, en comptant *quatre.*

Exécuter le même mouvement du bras gauche, et continuer ainsi jusqu'au commandement de *cessez*.

Le même exercice s'exécute des deux bras simultanément.

12e Exercice. — **Même mouvement, en portant alternativement les membres inférieurs correspondants en avant; en quatre temps.**

Le professeur commande :

1. *Attention.*
2. *Mouvement alternatif des bras et des jambes en avant, en portant ensuite les bras tendus sur les côtés; en quatre temps.*
3. COMMENCEZ.
4. CESSEZ.

Au commandement de *commencez*, fléchir le bras droit et porter le poing à hauteur de l'épaule, en comptant *un;* développer le bras devant soi, en portant le pied droit en avant, le jarret fléchi, la jambe gauche tendue, en comptant *deux;* porter le bras latéralement, en comptant *trois;* le laisser tomber tendu à sa première position, et rapporter en même temps le pied droit à côté du gauche, en comptant *quatre*.

Exécuter le même mouvement avec les extrémités gauches, et continuer ainsi jusqu'au commandement de *cessez*.

13e Exercice. — **Même mouvement simultané des membres supérieurs, et alternatif des membres inférieurs; en quatre temps.**

Le professeur commande :

1. *Attention.*
2. *Mouvement simultané des bras et alternatif des jambes en avant, en portant ensuite les bras tendus sur les côtés; en quatre temps.*
3. COMMENCEZ.
4. CESSEZ.

Au commandement de *commencez*, fléchir les bras et porter les poings à hauteur des épaules, en comptant *un;* développer les bras devant soi, en portant le pied droit en avant, le jarret fléchi, la jambe gauche tendue, en comptant *deux;* porter les bras latéralement, en comptant *trois;* les laisser tomber à leur première position et rapporter en même temps le pied droit à côté du gauche, en comptant *quatre.*

Continuer le mouvement des deux jambes alternativement, jusqu'au commandement de *cessez.*

EXERCICES DE LA CANNE

Ou de la barre à sphères.

(DEUXIÈME SÉRIE)

1er EXERCICE. — **Porter la canne au-dessus de la tête, en suivant la face antérieure du corps, et la lancer horizontalement à droite et à gauche; en deux temps.**

Le professeur commande :

1. *Attention.*
2. *Porter la canne au-dessus de la tête et la lancer horizontalement à droite et à gauche; en deux temps.*
3. EN POSITION.
4. COMMENCEZ.
5. CESSEZ.

Au troisième commandement, élever la canne au-dessus de la tête, les bras allongés.

Au commandement de *commencez,* lancer la canne horizontalement à droite en allongeant le bras droit, le bras gauche raccourci, en comptant *un;* lancer ensuite la canne à gauche en développant le bras gauche, le droit raccourci, en comptant *deux.*

Continuer ainsi jusqu'au commandement de *cessez.*

A ce commandement, reporter la canne à sa première position.

2e EXERCICE. — **Mouvement vertical de la canne en arrière, les pieds étant réunis; en deux temps.**

Le professeur commande :

1. *Attention.*

2. *Mouvement vertical de la canne en arrière; en deux temps.*

3. EN POSITION.

4. COMMENCEZ.

5. CESSEZ.

Au troisième commandement, élever la canne au-dessus de la tête, les bras allongés.

Au commandement de *commencez*, descendre la canne verticalement, derrière le corps, jusqu'à ce qu'elle soit arrivée à hauteur et près des épaules, en comptant *un*; l'élever ensuite, en allongeant les bras de toute leur longueur, en comptant *deux*.

Continuer ainsi jusqu'au commandement de *cessez*.

A ce commandement, revenir à la première position.

3e Exercice. — **Porter la canne verticalement à droite et à gauche, en fléchissant le corps, les pieds écartés; en deux temps.**

Le professeur commande:

1. *Attention.*

2. *Portez la canne verticalement à droite et à gauche, en fléchissant le corps, en deux temps.*

3. EN POSITION.

4. COMMENCEZ.

5. CESSEZ.

Au troisième commandement, porter le pied droit sur le côté, en élevant la canne au-dessus de la tête, les bras allongés.

Au commandement de *commencez*, pencher le corps à droite, en fléchissant la jambe droite, la jambe gauche tendue, diriger en même temps l'extrémité de la canne vers le sol, jusqu'à ce qu'elle le touche, le bras droit allongé, le gauche courbé au-dessus de la tête, en comptant *un;* ramener la canne au-dessus de la tête, en redressant le corps, et exécuter, sans s'arrêter, le même mouvement du côté gauche, en comptant *deux*, lorsque l'extrémité de la canne touche le sol.

Continuer ainsi le mouvement, à droite et à gauche, jusqu'au commandement de *cessez.*

A ce commandement, redresser le corps, ramener le pied droit à côté du gauche, et replacer la canne à sa première position.

4° EXERCICE. — **Flexion des membres inférieurs, les pieds réunis, et élévation verticale de la canne au-dessus de la tête; en quatre temps.**

Le professeur commande :

1. *Attention.*
2. *Flexion des jambes et élévation verticale de la canne au-dessus de la tête: en quatre temps.*
3. EN POSITION.
4. COMMENCEZ.
5. CESSEZ.

Au troisième commandement, rapprocher les pieds l'un près de l'autre.

Au commandement de *commencez*, abaisser le corps en pliant les jarrets, les talons élevés, en comptant *un;* se relever et porter la canne à hauteur des épaules, en comptant *deux;* l'élever verticalement au-dessus de la tête, les bras allongés, en comptant *trois;* la ramener à hauteur des épaules, en comptant *quatre.*

Continuer le mouvement, en partant de cette dernière position, jusqu'au commandement de *cessez.*

A ce commandement, replacer la canne à sa première position et ouvrir la pointe des pieds.

5e Exercice. — **Mouvement de torsion du corps, à droite et à gauche, la canne au-dessus de la tête; en deux temps.**

Le professeur commande :

1. *Attention.*
2. *Mouvement de torsion à droite et à gauche, la canne au-dessus de la tête ; en deux temps.*
3. EN POSITION.
4. COMMENCEZ.
5. CESSEZ.

Au troisième commandement, porter le pied droit sur le côté, en élevant la canne au-dessus de la tète, les bras allongés.

Au commandement de *commencez*, tourner le corps vers la gauche, la canne suivant son mouvement, de manière qu'en imprimant au corps ce mouvement de torsion, chaque extrémité de la canne décrive un cercle horizontal au-dessus de la tête, élever en même temps le talon droit et pivoter sur la pointe du pied, en comptant *un;* exécuter ce mouvement vers la droite, en sens inverse, en comptant *deux;* et continuer jusqu'au commandement de *cessez.*

A ce commandement, revenir à la première position en ramenant le pied droit à côté du gauche.

6e Exercice. — **Flexion du corps en avant, et mouvement vertical de la canne, en avançant; en quatre temps.**

Le professeur commande :

1. *Attention.*
2. *Flexion du corps en avant, et mouvement vertical de la canne, en avançant ; en quatre temps.*
3. MARCHE.
4. HALTE.

Au commandement de *marche*, porter le pied gauche en avant, le jarret plié, la jambe droite tendue, incliner en même temps le haut du corps et diriger la canne vers le sol, en avant du pied gauche, en comptant *un*, se redresser; porter le haut du corps en arrière, les jambes tendues, monter la canne à hauteur des épaules, en comptant *deux;* développer les bras verticalement et porter la canne au-dessus de la tête, en comptant *trois*; la ramener à hauteur des épaules en comptant *quatre.*

Exécuter le même mouvement sur la jambe droite et le continuer, des deux jambes alternativement, en avançant, jusqu'au commandement de *halte.*

A ce commandement, descendre la canne à sa première position, et ramener le pied qui est en arrière à côté de l'autre.

Cet exercice s'exécute aussi en reculant, d'après les principes prescrits ci-dessus.

7e EXERCICE. — **Demi-cercle par-dessus la tête, en marchant au pas modéré; en deux temps.**

Le professeur commande :

1. *Attention.*
2. *Demi-cercle par-dessus la tête, en marchant au pas modéré ; en deux temps.*
3. MARCHE.
4. *Peloton,* — HALTE.

Au commandement de *marche*, faire passer la canne par-dessus la tête, les bras allongés, la descendre derrière le corps le plus possible, sans cambrer les reins; porter en même temps le pied gauche en avant, en comptant *un ;* faire repasser la canne par-dessus la tête, les bras allongés ; la ramener à sa première position et porter en même temps le pied droit en avant, en comptant *deux.*

Continuer ce mouvement, en marchant au pas modéré jusqu'au commandement de *peloton,* — HALTE.

A ce commandement, ramener le pied droit à côté du gauche et reprendre la première position.

Cet exercice s'exécute aussi en marchant en arrière, d'après les principes prescrits ci-dessus.

8e EXERCICE. — **Mouvement vertical de la canne, en marchant au pas accéléré; en quatre temps.**

Le professeur commande :

1. *Attention.*
2. *Mouvement vertical de la canne, en marchant au pas accéléré; en quatre temps.*
3. MARCHE.
4. *Peloton,* — HALTE.

Au commandement de *marche*, porter le pied gauche en avant, élever en même temps la canne à hauteur des épaules, en comptant *un;* allonger les bras, élever la canne verticalement et porter en même temps le pied droit en avant, en comptant *deux;* ramener la canne à hauteur des épaules et porter le pied gauche en avant, en comptant *trois;* la descendre à sa première position pour terminer sur le pied droit, en comptant *quatre.* Et ainsi jusqu'au commandement de *peloton,* — HALTE.

A ce commandement, ramener le pied droit à côté du gauche et reprendre la première position.

9e EXERCICE. — **Mouvement horizontal de la canne, en marchant au pas accéléré; en quatre temps.**

Le professeur commande :

1. *Attention.*
2. *Mouvement horizontal de la canne, en marchant au pas accéléré; en quatre temps.*
3. MARCHE.
4. *Peloton,* — HALTE.

Au commandement de *marche*, porter le pied gauche en avant et élever en même temps la canne à hauteur des épaules, en comptant *un;* développer les bras horizontalement et avancer le pied droit, en comptant *deux;* ramener la canne aux épaules et porter le pied gauche en avant, en comptant *trois;* la descendre à sa première position pour terminer sur le pied droit, en comptant *quatre.*

Continuer jusqu'au commandement de *peloton,* — HALTE.

A ce commandement, ramener le pied droit à côté du gauche et reprendre la première position.

EXERCICES D'APPLICATION

ANNEAUX OU POIGNÉES

(Première série.)

1er EXERCICE.

Saisir les anneaux, s'enlever á la force des bras; se renverser en arrière ; développer le corps le plus possible, lâcher les anneaux en portant les bras en avant et tomber à terre.

2e EXERCICE.

Comme le précédent et revenir à la première position en se renversant en avant.

3e EXERCICE.

Saisir les anneaux; s'enlever à la force des bras, le menton à hauteur des mains; résister du bras gauche ; développer le bras droit horizontalement et latéralement, en poussant l'anneau, sans le lâcher; ramener le bras droit à sa première position.

Exécuter le même mouvement avec le bras gauche, et répéter plusieurs fois cet exercice, des deux bras alternativement.

4e EXERCICE.

S'enlever à la force des bras et placer les pieds dans les anneaux ; faire prendre ensuite au corps le plus de convexité possible la face vers la terre; revenir à la première position, les pieds ne quittant pas les anneaux.

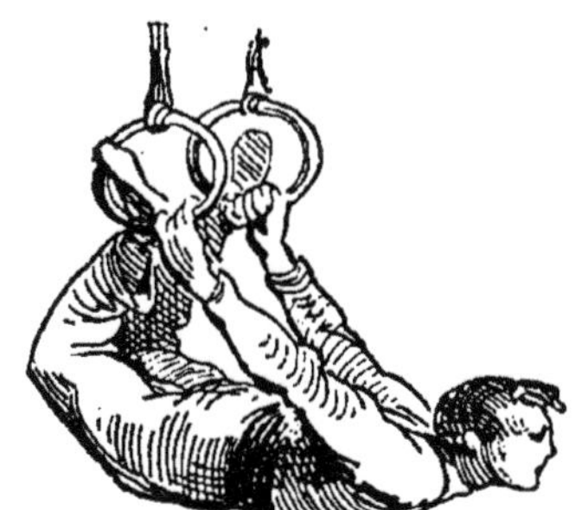

Répéter ce mouvement plusieurs fois de suite et terminer par un renversement en arrière.

5e Exercice.

Saisir les anneaux; s'enlever à la force des bras, de manière que le menton soit à hauteur des mains; dans cette position, lâcher l'anneau de la main gauche, se maintenir suspendu à la force du bras droit, en le conservant raccourci.

Exécuter le même mouvement avec le bras gauche et répéter plusieurs fois cet exercice, des deux bras alternativement.

ECHELLE ORTHOPÉDIQUE

1er Exercice. — **Monter en plaçant les pieds alternativement sur les échelons; les mains étant placées au-dessus de la tête, et descendre de même.**

L'élève se place le dos sur l'échelle, saisit les montants des deux mains; porte le pied gauche sur le premier échelon, fait effort de la jambe gauche, jusqu'à ce qu'elle soit allongée; et place aussitôt le pied droit sur l'échelon correspondant. Ensuite il élève les mains au-dessus de la tête et saisit deux échelons de même hauteur, la paume des mains en avant. Cette position étant prise, il porte les pieds alternativement sur les échelons supérieurs, s'élève de nouveau jusqu'à ce que les jambes soient allongées, saisit ensuite, des deux mains, les échelons supérieurs de même hauteur et continue ainsi jusqu'au haut de l'échelle.

Il descend par les moyens inverses.

Cet exercice s'exécute aussi en plaçant les pieds simultanément sur les échelons.

2e Exercice. — **Monter et descendre comme à l'exercice précédent, en se suspendant, chaque fois, par les mains ; le corps au milieu de l'échelle.**

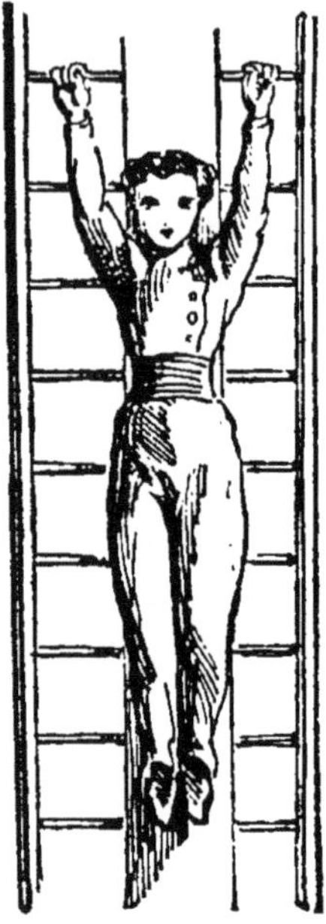

L'élève se place sur l'échelle, comme à l'exercice précédent, et, ayant saisi les échelons au-dessus de la tête, il se suspend au milieu de l'échelle, le corps allongé, les pieds réunis. Cette position étant bien marquée, il élève les pieds ensemble et les place sur les échelons supérieurs, se grandit ensuite sur les jarrets pour monter le corps; saisit des deux mains deux échelons de même hauteur, se suspend de nouveau, le corps allongé, les pieds réunis, et continue ainsi jusqu'au haut de l'échelle.

Il descend par les moyens inverses.

3e Exercice. — **Monter en supportant le corps sur les poignets, et descendre de même.**

L'élève, étant placé les pieds sur les deux premiers échelons, saisit des deux mains ceux qui se trouvent à sa portée, les bras allongés, le dessus des mains en avant, la tête élevée. Il place ensuite les pieds, l'un après l'autre, sur le milieu de l'échelle, le dos et la tête y étant appuyés, et se soutient sur les poignets. Après un temps bien marqué, il porte alternativement les pieds sur les échelons supérieurs, fait monter le corps en se grandissant sur les jarrets, saisit des deux mains les échelons placés immédiatement au-dessus de ceux qu'il vient de quitter, se soutient de nouveau sur les poignets et continue ainsi.

Pour descendre, l'élève place d'abord les mains sur les échelons inférieurs, dégage les pieds et se suspend au milieu de l'échelle; il fixe ensuite les pieds sur les échelons inférieurs et continue de descendre ainsi.

4e Exercice. — **Monter en se suspendant par la main droite, la gauche fixée à un échelon inférieur, le bras tendu.**

L'élève, ayant les pieds placés sur les deux premiers échelons, élève la main droite au-dessus de la tête, saisit l'échelon qui est le plus à sa portée, la paume de la main en avant, et place la main gauche à un échelon inférieur, le bras allongé, le dessus de la main en avant; ensuite, il réunit les pieds au milieu de l'échelle, comme il est indiqué aux exercices précédents.

Etant resté un instant suspendu dans cette position, il place les pieds sur les échelons immédiatement au-dessus, monte également les mains d'un échelon et continue ainsi.

Il descend de la même manière, en faisant agir d'abord les mains, en suite les jambes.

Cet exercice s'exécute aussi en sens inverse.

5e Exercice. — **Même exercice que le précédent, mais en alternant, chaque fois, la position des mains.**

L'élève, après s'être suspendu, la main droite en haut, la gauche en bas, et ayant placé les pieds sur les échelons supérieurs, porte, cette fois, la main gauche en haut et la droite en bas, se suspend de nouveau, replace les pieds sur les échelons supérieurs, rechange la position des mains et continue ainsi ce mouvement alternatif.

Il descend de la même manière.

6e Exercice. — **Même exercice que le deuxième, en élevant les jambes tendues en avant.**

L'élève, étant suspendu comme il est indiqué au deuxième exercice, porte les jambes tendues en avant, les pieds réunis, et reste un instant dans cette position.

Il laisse tomber ensuite les jambes lentement, puis il élève les pieds ensemble et les place sur les échelons supérieurs; il monte également les mains, se suspend de nouveau les jambes en avant, et continue de monter ainsi jusqu'au haut de l'échelle. Il descend de la même manière.

CORDE LISSE

(PREMIÈRE SÉRIE)

1er Exercice. — **Monter à la corde lisse à l'aide des mains et des pieds, et descendre.**

L'élève saisit la corde le plus haut possible, élève le corps en faisant effort des poignets, raccourcit les jambes, prend la corde entre les cuisses, lui fait faire un tour complet autour de la jambe droite, de manière qu'elle touche le mollet et passe par dessus le cou-de-pied; il la fixe solidement dans cette position avec la plante du pied gauche qui appuie sur le cou-de-pied droit; détache les mains l'une après l'autre pour saisir la corde plus haut, étend les jambes, fait de nouveau effort des poignets pour élever le corps en laissant glisser la corde sur le cou-de-pied droit, la presse avec le pied gauche et continue de s'élever ainsi.

Quand la corde est isolée, on peut employer la méthode suivante :

L'élève porte les jambes horizontalement en avant, au lieu de les tenir dans une position verticale.

La corde embrasse plus fortement le mollet, dans la position horizontale, et offre aussi un point d'appui qui permet à l'élève de prendre plus facilement du repos et de s'élever à une plus grande hauteur.

Pour descendre, l'élève se laisse glisser le long de la corde, dans la position prescrite ci-dessus, en portant alternativement une main au-dessous de l'autre. Il exerce toutefois une certaine pression avec les extrémités inférieures, afin de régler la vitesse du mouvement.

2e Exercice. — **Monter à la corde lisse en plaçant un pied devant et l'autre derrière la corde.**

L'élève saisit la corde le plus haut possible, place contre elle le genou et le cou-de-pied droits *(ou gauches)*, le talon et le mollet gauches *(ou droits)* serrant le côté opposé; élève le corps en faisant effort des bras, raccourcit les extrémités inférieures, presse la corde avec les jambes, monte les mains l'une au-dessus de l'autre, pour s'enlever de nouveau, et continue ainsi.

Pour descendre, l'élève exerce avec les extrémités inférieures une pression suffisante pour maîtriser le mouvement, et détache successivement les mains en les portant l'une au-dessous de l'autre.

BARRES A SUSPENSION

(Première série).

1er Exercice. — **Suspension par les deux mains** *(ou par une main).*

L'élève étant monté sur le banc, le professeur commande .

1. *Suspension par les deux mains.*

2 UN.
3. DEUX.
4. TROIS.
5. A TERRE.

Au commandement de *un*, l'élève porte les mains près de la barre, la paume en avant, les doigts allongés.

Au commandement de *deux*, il saisit la barre avec les mains, les pouces en dessous, les quatre autres doigts joints et en dessus, et porte le pied droit en avant.

Au commandement de *trois*, il quitte le banc, sans secousse, pour éviter le balancement du corps, les jambes tombant naturellement.

Au commandement de *à terre*, il lâche la barre, tombe sur la pointe des pieds en fléchissant, et reprend son rang.

Quand les élèves sont bien habitués à cette suspension, le professeur fait prendre les attitudes suivantes, qui ne sont que des variétés de la suspension par les mains.

Suspension par la main droite (ou gauche)

Cette attitude consiste à faire supporter le corps par l'une des mains, l'autre pendant naturellement.

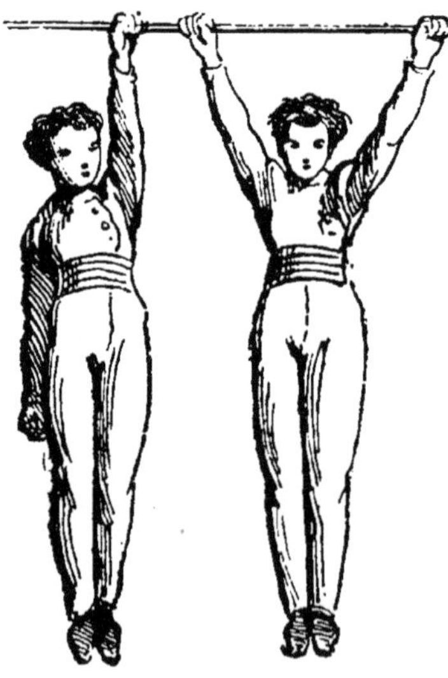

Suspension par les deux mains, les avant-bras croisés.

L'élève saisit la barre avec les deux mains, en plaçant l'un des avant-bras par dessus l'autre, et se maintient le corps face en avant.

Suspension par les deux mains, l'une en dedans, l'autre en dehors.

L'élève place, dans ce cas, une main en dedans de la barre et l'autre en dehors, et se suspend sans que le corps tourne.

Suspension par les deux mains, les bras écartés autant que possible.

L'élève saisit la barre et se suspend en écartant les bras le plus possible.

Ces divers exercices s'exécutent aussi en tournant la paume des mains vers le corps.

Toutes ces attitudes sont prises au commandement de EN POSITION.

2e EXERCICE. — **Élever la tête au-dessus de la barre.**

L'élève étant suspendu par les deux mains, le professeur commande :

1. *Elevez la tête au-dessus de la barre.*
2. UN.
3. DEUX.
4. CESSEZ.

Au commandement de *un*, l'élève fait effort des poignets, pour soulever le corps jusqu'à ce que le menton arrive au-dessus de la barre, les jambes pendant naturellement.

Au commandement de *deux*, il revient à sa position, répète le même mouvement, et continue ainsi jusqu'au commandement de *cessez*.

Cet exercice s'exécute aussi la paume des mains tournée vers le corps.

3e EXERCICE. — **Suspension par le pli des bras.**

L'élève étant suspendu par les deux mains, le professeur commande :

1. *Suspension par le pli des bras.*
2. EN POSITION.

Au deuxième commandement, l'élève soulève le corps, en faisant effort des poignets, et place les avant-bras au-dessus de la barre, le pli des bras supportant le poids du corps.

Cet exercice s'exécute aussi avec un seul bras.

4e EXERCICE. — **Suspension par les mains et les pieds.**

Pour l'exécution de cet exercice et du suivant, chaque barre doit être occupée par un seul élève.

Le professeur commande :

1. *Suspension par les mains et les pieds.*

2. EN POSITION.

3. A TERRE.

Au premier commandement, l'élève fait face à droite (*ou à gauche*).

Au deuxième commandement, il saisit la barre des deux mains, soulève le corps, en faisant effort des poignets, lance les jambes vers la barre, y accroche es talons, et reste dans cette position.

Au commandement de *à terre*, l'élève détache les pieds, allonge lentement les jambes et tombe à terre en fléchissant.

5e Exercice. — **Suspension par les plis du bras et de la jambe.**

Le professeur commande :

1. *Suspension par les plis du bras et de la jambe gauches.*

2. EN POSITION.

Au premier commandement, l'élève fait face à droite (*ou à gauche*).

Au deuxième commandement, il saisit la barre des deux mains, soulève le corps, en faisant effort des poignets, lance les jambes vers la barre, y accroche le pli de la jambe gauche et le pli du bras gauche, puis laisse pendre naturellement la jambe et le bras droits.

Cet exercice s'exécute aussi en se suspendant par les plis du bras gauche et de la jambe droite.

Et encore en se suspendant alternativement par le bras et la jambe du même côté.

POUTRE HORIZONTALE

(Placée à 50 centim. au-dessus du sol.)

1er Exercice. — **Marcher debout en avant.**

Avant d'exercer les élèves sur la poutre, le professeur leur fait prendre l'attitude suivante :

Le pied droit un peu en avant du gauche, le talon vis-à-vis le milieu du pied gauche, les bras presque tendus, à la hauteur des épaules, les coudes un peu en arrière, les poings fermés, les poignets légèrement arrondis en dedans; les bras sont prêts à être tendus ou fléchis, au besoin, pour rétablir l'équilibre.

L'élève se place debout, sur la poutre, dans l'attitude indiquée ci-dessus; il marche en tendant le jarret sans raideur les yeux fixés sur l'extrémité de la poutre.

La longueur du pas n'est point déterminée; il est important de ne pas le faire trop long, afin de conserver plus facilement l'équilibre.

Le professeur habitue les élèves à marcher lentement d'abord, et à accélérer progressivement le pas.

Cette marche doit être rhythmée.

2e Exercice. — **Marcher debout en arrière.**

L'élève marche debout en arrière, d'après les principes indiqués ci-dessus, en redoublant de précaution.

3e Exercice. — **Marcher debout de côté.**

L'élève se place debout et de côté, sur la poutre, les talons réunis, la pointe des pieds un peu ouverte, les bras placés comme il est indiqué pour la marche en avant.

En marchant, l'élève porte le pied droit vers la droite, ramène le pied gauche à côté du droit, repart du pied droit et continue ainsi.

Il marche vers la gauche d'après les mêmes principes.

SAUT EN PROFONDEUR SIMPLE EN AVANT

L'élève étant monté sur une estrade, une table, un banc, etc., le professeur commande :

1. *Attention.*
2. *Saut en profondeur simple en avant.*
3. UN.
4. DEUX.
5. TROIS.

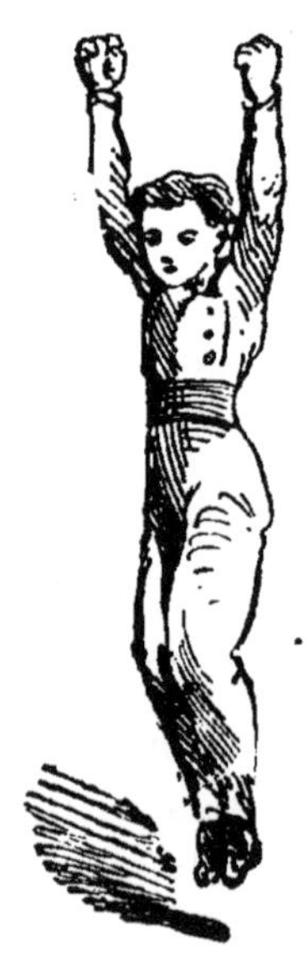

Au deuxième commandement, l'élève réunit les pieds et les place en saillie.

Au commandement de *un*, il fléchit les extrémités inférieures, en portant les poings en l'air, les bras tendus parallèlement, et revient à sa position. — Au commandement de *deux*, il répète ce mouvement. — Au commandement de *trois*, il fléchit de nouveau les extrémités inférieures, de manière à diminuer le plus possible la hauteur du corps ; quitte l'élévation où il se trouve, en allongeant les jambes et en portant les bras en l'air, et tombe sur la pointe des pieds en fléchissant.

ÉCHELLE DE BOIS

(PREMIÈRE SÉRIE)

1er EXERCICE. — **Monter par devant, à l'aide des mains et des pieds, et descendre de la même manière.**

L'élève fait face à l'échelle, saisit les montants, à hauteur des épaules, place en même temps le pied droit sur le premier échelon, élève la main droite et le pied gauche pour les porter plus haut, le poids du corps portant sur le pied gauche, et continue ainsi.

Cet exercice s'exécute également en faisant agir les extrémités du même côté.

Pour descendre, l'élève fait mouvoir, alternativement, les extrémités droites et les extrémités gauches d'après les principes indiqués ci-dessus.

2e EXERCICE.—**Monter par devant, à l'aide des mains et des pieds, et descendre par derrière, de la même manière.**

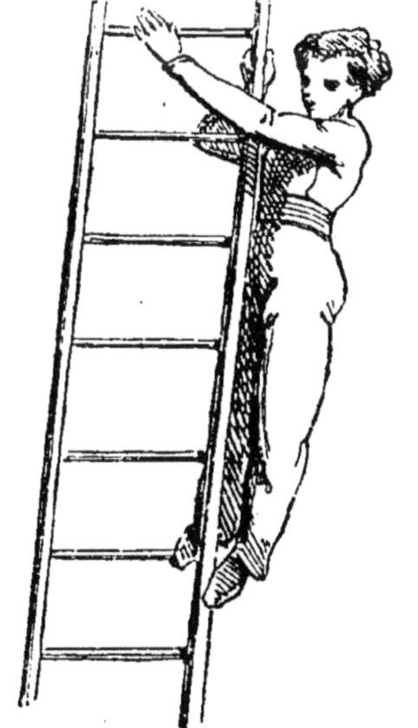

L'élève, étant monté sur le devant de l'échelle, saisit avec la main gauche à hauteur de l'épaule le montant qui est à sa droite et réunit les pieds près de ce montant en appuyant le corps sur l'échelle; il porte ensuite le pied droit en dehors, passe le corps derrière l'échelle, replace le pied droit sur l'échelon qu'il vient de quitter, saisit par derrière avec la main droite l'échelon au-dessus duquel se trouve la main gauche, place le pied gauche à côté du droit et porte ensuite la main gauche sur l'échelon déjà occupé par la main droite.

Pour passer du derrière devant, l'élève emploie les mêmes moyens.

Pour descendre, l'élève fait mouvoir, simultanément ou alternativement, les extrémités droites et gauches, d'après les principes prescrits à l'exercice précédent.

BARRES PARALLÈLES FIXES

(PREMIÈRE SÉRIE)

1er EXERCICE. — Suspension sur les mains.

L'élève se place entre les barres, en saisit une de chaque main, le pouce en dedans et les doigts en dehors; élève le corps en faisant effort sur les poignets, la tête droite, les jambes pendantes, les pieds joints, et se soutient dans cette position le plus longtemps possible.

Cet exercice peut être exécuté par plusieurs élèves à la fois.

2e EXERCICE.— Se porter en avant (*ou en arrière*) par un mouvement alternatif des mains.

L'élève se suspend sur les mains à l'extrémité des barres, fait un mouvement de progression en portant alternativement les mains à environ dix centimètres en avant, et continue ainsi jusqu'à l'autre extrémité. Arrivé à ce point, il balance les jambes en avant, en comptant *un;* puis en arrière en comptant *deux;* recommence en avant, en comptant *trois,* et saute à terre, en comptant *quatre*.

Cet exercice s'exécute en arrière, d'après les mêmes principes et par les moyens inverses; l'élève saute, en comptant *trois*.

3e EXERCICE. — Se porter en avant (*ou en arrière*) par saccades.

L'élève étant suspendu sur les mains entre les barres, fléchit légèrement les bras, et, par un mouvement saccadé, porte en même temps les mains en avant à dix centimètres environ; le haut du corps un peu penché en avant. Il continue ainsi jusqu'à l'extrémité des barres, qu'il quitte comme à l'exercice précédent.

Le mouvement en arrière, par saccades, s'exécute d'après les mêmes principes.

4e EXERCICE. — **Descendre le corps et le remonter par la flexion des coudes et l'extension des bras.**

L'élève, étant suspendu sur les mains entre les barres, fléchit lentement les bras, descend le corps en pliant les jambes, pour éviter de toucher la terre, remonte le corps en faisant effort sur les poignets et répète plusieurs fois ce mouvement.

Dans les commencements, l'élève ne fléchit que très-peu les bras. Lorsqu'il est bien exercé, il descend le corps le plus possible.

5e EXERCICE. — **Balancer les jambes en avant et en arrière.**

L'élève, étant suspendu sur les mains, balance lentement les jambes en avant, puis en arrière, et augmente progressivement l'étendue des mouvements, qu'il diminue ensuite de même.

SAUTS CONTINUS A PIEDS JOINTS

Les sauts continus à pieds joints s'exécutent d'après les principes du saut en avant de pied ferme.

Après que l'élève a exécuté son premier saut, il reporte vivement les bras tendus en arrière, les relance de suite en avant, étend les jarrets et saute de nouveau. Il continue ainsi, sans interruption, en graduant les sauts, de manière que le premier soit le plus petit et le dernier le plus grand.

PERCHES OSCILLANTES

(PREMIÈRE SÉRIE)

1er EXERCICE. — **Monter à une perche à l'aidedes mains et des pieds, et descendre.**

L'élève saisit la perche, le plus haut possible, plac contre elle le genou et le cou-de-pied droits (*ou gauches* le talon et le mollet gauches (*ou droits*), serrant le côt opposé; élève le corps en faisant effort des poignets raccourcit les extrémités inférieures, presse la perch avec les jambes, monte les mains l'une au-dessus d l'autre, élève de nouveau le corps en faisant effort de poignets, les jambes raccourcies, et continue de mon ter ainsi.

Pour descendre de la perche, l'élève exerce, avec le extrémités inférieures, une pression suffisante pou maitriser le mouvement et détache successivement le mains en les portant l'une au-dessous de l'autre.

2e EXERCICE. — **Monter à une perche à l'aide de mains et des pieds, et descendre de la mêm manière à l'autre perche parallèlement placée.**

L'élève monte à l'une des perches en suivant le règles prescrites, saisit l'autre perche des deux mains fait effort des poignets, détache de la première perch les extrémités inférieures pour les porter sur la se conde, et descend d'après les principes prescrits.

TRAPÈZE

(PREMIÈRE SÉRIE)

Les exercices du trapèze s'exécutent individuelle ment, et sans commandement.

Pendant l'exécution des exercices du trapèze, le professeu devra se tenir constamment près des élèves, pour leur aideret le retenir en cas de chute.

1er EXERCICE. — Saisir la base du trapèze et élever le corps en faisant effort des poignets.

L'élève saisit la base du trapèze, les pouces en dessous, les mains séparées de la largeur des épaules ; élève le corps en faisant effort des poignets, les jambes allongées, les pieds joints, et revient lentement à terre.

Le professeur fait répéter cet exercice plusieurs fois de suite.

L'élève doit arriver par degrés jusqu'à dépasser de toute la tête la base du trapèze.

2e EXERCICE. — S'établir sur la base du trapèze en s'y appuyant sur le ventre, et descendre en avant.

L'élève saisit la base du trapèze, élève le corps le plus possible en faisant effort des bras, porte en même temps les jambes en avant et en l'air, les passe par-dessus la base en renversant le corps, qui, continuant le mouvement, vient s'appuyer par le ventre, les bras pliés, les coudes détachés.

Pour descendre, l'élève tourne la paume des mains en avant, se laisse glisser lentement sur le ventre en faisant la culbute, les bras soutenant le poids du corps, descend en avant, pose les pieds à terre et lâche la base.

3e EXERCICE. — S'établir sur la base du trapèze en s'y appuyant sur le ventre, et descendre en arrière.

L'élève s'établit sur la base du trapèze, comme à l'exercice précédent.

Pour descendre en arrière, l'élève se laisse glisser lentement, les bras soutenant le poids du corps,

pose les pieds à terre et lâche la base.

4e Exercice. — **S'établir sur la base du trapèze, s'y asseoir et descendre.**

L'élève s'établit sur la base ainsi qu'il a été dit au deuxième exercice, saisit de la main droite, le plus haut possible, le montant qui est à sa droite élève le corps en faisant effort du poignet droit et se grandissant sur le poignet gauche jusqu'à ce que le bras gauche soit tendu, fait un à-droite et demi s'assied sur la base, les jambes réunies, et porte la main gauche au-dessous de la droite sur le même montant à la hauteur des epaules. Il saisit aussitôt de la main droite, à la même hauteur, l'autre montant.

L'élève s'assied sur la base, par le côté gauche, en suivant les mêmes principes.

Pour descendre, l'élève porte le haut du corps en arrière, en laissant glisser les cuisses jusqu'aux jarrets; descend les mains le long des montants pour saisir la base près des cuisses, les pouces en dessous; achève de renverser le corps, lâche simultanément la base des deux mains et arrive à terre en fléchissant les extrémités inférieures et en portant les bras en avant.

ALIGNEMENTS ET DIFFÉRENTES MARCHES

Alignements.

1. Le professeur commande aux deux premiers élèves de l'aile droite de marcher deux pas en avant, et les ayant aligné, il commande :

A droite, — ALIGNEMENT.

2. A ce commandement, le rang, à l'exception des deux élèves placés d'avance pour servir de base d'alignement, se porte au pas accéléré sur la nouvelle ligne, et s'y place d'après les principes prescrits à la page 4.

3. Le professeur, placé à dix ou douze pas en avant, et faisant face au rang, veille à l'observation des principes, et se porte ensuite à l'aile qui a servi de base à l'alignement pour le vérifier.

4. Le professeur, voyant le plus grand nombre des élèves alignés, commande :

FIXE.

5. Le professeur commande ensuite aux élèves qui ne sont pas alignés, *rentrez* ou *sortez*, en les désignant par leurs numéros. L'élève ou les élèves désignés tournent légèrement la tête du côté de l'alignement pour juger de combien ils doivent avancer ou reculer, se portent sur la ligne et replacent ensuite la tête dans la position directe.

6. Les alignements à gauche s'exécutent d'après les mêmes principes.

7. Les alignements en arrière ont lieu aussi d'après les mêmes principes. Les élèves se portent un peu en arrière de la ligne, et s'y placent ensuite par de petits mouvements en avant.

Le professeur commande :

En arrière à droite (*ou à gauche*), — ALIGNEMENT.

Marche de front directe.

8. Le rang étant correctement aligné, lorsque le professeur veut le faire marcher en avant, il place un élève bien exercé à la droite (ou à la gauche), selon le côté où il veut que soit le guide, et commande :

1. *Peloton en avant.*
2. *Guide à droite* (*ou à gauche*).
3. MARCHE.

9. Au commandement de *marche*, le rang part vivement du pied gauche, le guide a soin de marcher droit devant lui et de maintenir toujours ses épaules carrément.

Marche oblique.

10. Le rang étant en marche, le professeur commande :

1. *Oblique à droite.*
2. MARCHE.

11. Au commandement de *marche*, qui est fait un moment avant que le pied gauche soit prêt à poser à terre, chaque élève fait un demi-à-droite et marche ensuite droit devant lui dans la nouvelle direction, en donnant de temps en temps un coup d'œil sur la ligne des épaules de ses voisins de droite, et en réglant son pas de manière que ses épaules soient placées parallèlement aux épaules de son voisin de ce côté, et que la tête de ce dernier lui cache celles des autres élèves du rang.

Tous les élèves doivent conserver l'égalité du pas et le même degré d'obliquité.

12. Le professeur, voulant faire reprendre la direction primitive, commande :

1. *En avant.*
2. MARCHE.

13. Au commandement de *marche*, qui est fait un moment avant que le pied droit soit prêt à poser à terre, chaque élève fait un demi-à-gauche, et tous marchent ensuite droit devant eux, en se conformant aux principes de la marche directe.

14. Le professeur fait obliquer à gauche d'après les mêmes principes, en faisant le commandement de *marche* un moment avant que le pied droit soit prêt à poser à terre.

Marquer le pas.

15. Les élèves étant en marche, le professeur commande :

1. *Marquez le pas.*
2. MARCHE.

16. Au commandement de *marche*, qui est fait un moment avant que le pied soit prêt à poser à terre, les élèves simulent le pas, en rapportant les talons l'un à côté de l'autre, sans avancer, et en observant la cadence du pas.

17. Lorsque le professeur veut faire reprendre la marche, il commande :

1. *En avant.*
2. MARCHE.

18. Au commandement de *marche*, qui est fait comme il est prescrit ci-dessus, les élèves se remettent en marche.

Changer le pas.

19. Les élèves étant en marche, le professeur commande :

1. *Changez le pas.*
2. MARCHE.

20. Au commandement de *marche*, qui est fait un moment avant que le pied soit prêt à poser à terre, les élèves rapportent le pied qui est en arrière à côté de celui qui vient de poser, et repartent de ce dernier pied.

Demi-tour en marchant.

21. Les élèves étant en marche, le professeur voulant leur faire faire demi-tour pour marcher en arrière sans arrêter, commande :

1. *Peloton, demi-tour à droite.*
2. MARCHE.

22. Au commandement de *marche*, qui est fait à l'instant où le pied gauche est en l'air, les élèves posent le pied à terre, font face en arrière en tournant sur ce pied, placent le pied droit à côté du gauche dans la nouvelle direction, et repartent du pied gauche.

Marche en arrière.

23. Les élèves étant de pied ferme, le professeur leur fait marcher le pas en arrière; à cet effet, il commande :

1. *Peloton en arrière.*
2. *Guide à gauche (ou à droite).*
3. MARCHE.

24. Au commandement de *marche,* les élèves retirent vivement le pied gauche en arrière, à une distance conforme à leur taille, font de même du pied droit, et continuent jusqu'au commandement de *halte*, qui est toujours précédé de celui de *peloton.* Les élèves s'arrêtent à ce commandement, en rapportant le pied qui est en avant à côté de l'autre, sans frapper.

Marche par le flanc.

25. Le rang étant de pied ferme et correctement aligné, le professeur commande :

1. *Peloton, par le flanc droit.*
2. A DROITE.
3. *Peloton en avant.*
4. MARCHE.

26. Au deuxième commandement, le rang fait à-droite; les numéros pairs, en faisant à-droite, se portent vivement à hauteur et à la droite des numéros impairs, de manière qu'après l'exécution du mouvement, les files se trouvent formées de deux élèves coude à coude.

27. Au commandement de *marche,* le peloton part vivement du pied gauche; le files restent alignées, et et conservent leurs distances, les élèves marchent, dans chaque rang, les uns derrière les autres, de manière que la tête de l'élève qui précède immédiatement chaque élève lui cache celles de tous ceux qui sont devant lui.

28. Le professeur fait marcher par le flanc gauche par les commandements prescrits n° 25 en substituant l'indication de gauche à celle de droite. Le rang fait à gauche et les numéros impairs, en faisant à gauche, se portent vivement à hauteur et à la gauche des numéros pairs.

29. Le professeur place un élève bien exercé à côté de l'élève qui est en tête du rang doublé pour régler son pas et le conduire, et il est recommandé à ce dernier de marcher exactement coude à coude avec celui qui doit le diriger.

Arrêter le rang et lui faire faire front.

30. Lorsque le professeur veut arrêter le rang marchant par le flanc et lui faire faire front, il commande :

1. *Peloton.*
2. HALTE.
3. FRONT.

31. Au deuxième commandement, le peloton s'arrête, et aucun élève ne bouge plus, quand même il aurait perdu sa distance.

32. Au troisième commandement, chaque élève fait front, par un à-gauche, si l'on a marché par le flanc droit, et par un à-droite si l'on a marché par le flanc gauche. Les élèves qui se trouvent derrière dédoublent en même temps pour se porter vivement à leurs places dans le rang.

Changements de direction par file.

33. Lorsque les élèves ont acquis l'habitude de la marche par le flanc, le professeur les exerce à changer de direction par file ; à cet effet, il commande :

1. *Par file à gauche* (*ou à droite*).
2. MARCHE.

34. Au commandement de *marche*, la première file change de direction à gauche (ou à droite), en décrivant un petit arc de cercle. Les deux élèves de cette file restent coude à coude ; celui qui se trouve du côté où l'on converse raccourcit les trois ou quatre premiers pas, afin de donner le temps à l'autre de se conformer à son mouvement, et la file marche ensuite droit devant elle. Chaque file vient successivement changer de direction à la même place que celle qui la précède.

35. Le professeur fait aussi exécuter les à-droite et les à-gauche en marchant; à cet effet, il commande :

1 *Peloton par le flanc droit* (*ou gauche*).

2. MARCHE.

36. Au commandement de *marche*, qui est fait un moment avant que le pied gauche (ou le pied droit) soit prêt à poser à terre, que l'on doive faire à-droite ou à-gauche, les élèves tournent le corps, portent le pied qui est levé dans la nouvelle direction, et continuent la marche sans altérer la cadence; les files doublent ou dédoublent rapidement.

37. Le dédoublement des files a lieu comme il est prescrit n° 32 de la page 73.

38. Le doublement se fait toujours en dedans de l'alignement, et les files doublées se composent toujours des deux mêmes élèves, dont l'un a un numéro impair, et l'autre, le numéro pair immédiatement au-dessus. Ainsi, les numéros un et deux, trois et quatre, cinq et six doublent toujours entre eux. Lorsque le rang fait par le flanc, c'est celui des deux élèves qui se trouve en arrière qui double sur celui qui est en avant.

Conversions à pivot fixe.

39. Le rang étant de pied ferme, le professeur place un élève bien exercé à l'aile marchante pour la conduire, et commande :

1. *Par peloton à droite.*

2. MARCHE.

40. Au commandement de *marche*, l'élève qui est au pivot fait à-droite, les autres élèves partent du pied gauche et tournent en même temps un peu la tête du côté de l'aile marchante, les yeux fixés sur la ligne des yeux des élèves du rang. L'élève qui conduit l'aile marchante fait le pas de soixante-cinq centimètres environ, avance un peu l'épaule extérieure, dès le premier pas, jette de temps en temps les yeux sur le rang et sent toujours le coude de l'élève qui est à côté de lui, mais très-légèrement et sans jamais le pousser.

Les autres élèves sentent le coude de leur voisin du côté du pivot, résistent à la pression qui vient du côté opposé, et se conforment au mouvement de l'aile marchante, en faisant le pas d'autant plus petit qu'ils sont rapprochés du pivot.

L'élève placé à côté du pivot gagne, en conversant, un peu de terrain en avant, mais sans jamais le masquer.

41. Lorsque l'élève qui est à l'aile marchante est près d'arriver sur la perpendiculaire à la ligne qu'occupait le rang, le professeur commande :

1. *Peloton.*
2. HALTE.

42. Au commandement de *halte*, qui est fait lorsque l'élève de l'aile marchante est arrivé à trois pas de la perpendiculaire, le rang s'arrête, et aucun élève ne bouge plus. Le professeur place les deux premiers élèves de l'aile marchante sur l'alignement de l'élève du pivot, ayant soin de ne laisser entre eux et le pivot que l'espace nécessaire pour y encadrer tous les autres. Il commande ensuite :

A gauche (ou à droite), — ALIGNEMENT.

43. A ce commandement, le rang se place sur l'alignement des deux élèves qui doivent servir de base, en se conformant aux principes prescrits.

Le professeur commande ensuite :

FIXE.

Il fait converser à gauche par les mêmes principes.

Conversions à pivot mouvant.

44. Le rang étant en marche, lorsque le professeur veut lui faire changer de direction du côté opposé au guide, il commande :

1. *A droite (ou à gauche), conversion.*
2. MARCHE.

45. Le premier commandement est fait lorsque le rang est à quatre pas du point de conversion.

Au commandement de *marche*, la conversion s'exécute de la même manière qu'à pivot fixe, excepté que le tact des coudes reste du côté du guide, que l'élève qui est au pivot, au lieu de faire à-droite (ou à-gauche), se conforme au mouvement de l'aile marchante, sent très-légèrement le coude de son voisin, fait le pas de vingt-deux centimètres environ, et gagne ainsi du terrain en avant, en décrivant une petite courbe, de manière à dégager le point de conversion; le milieu du rang cintre un peu en arrière. Aussitôt que le mouvement commence, l'élève qui conduit l'aile marchante jette les yeux sur le terrain qu'il doit parcourir.

46. La conversion achevée, le professeur commande :

1. *En avant.*
2. MARCHE.

47. Le premier commandement est fait quatre pas avant que la conversion soit achevée.

48. Au commandement de *marche*, qui est fait à l'instant où la conversion est achevée, l'élève qui conduit l'aile marchante se dirige droit en avant; l'élève qui est au pivot et tout le rang reprennent la marche, et replacent la tête directe.

Changements de direction du côté du guide.

49. Les changements de direction du côté du guide s'exécutent ainsi qu'il suit; le professeur commande :

1. *Tournez à gauche (ou à droite).*
2. MARCHE.

50. Le premier commandement est prononcé lorsque le rang est à quatre pas du point où il doit changer de direction.

51. Au commandement de *marche*, qui est fait à l'instant où le rang doit tourner, le guide fait à-gauche (ou à-droite) en marchant et se prolonge dans la nouvelle direction sans ralentir ni accélérer la cadence, sans allonger ni raccourcir la mesure du pas. Chaque élève avance l'épaule opposée au guide et accélère la cadence pour se porter dans la nouvelle direction; lorsqu'il arrive sur l'alignement du guide, il tourne la tête et les yeux de son côté, joint le coude de son voisin du même côté, prend le pas du guide, et replace ensuite la tête et les yeux dans la position directe. Les élèves arrivent ainsi successivement sur l'alignement du guide.

TROISIÈME PARTIE

POUR LES ÉLÈVES DE ONZE ANS ET AU-DESSUS

Répétition des principaux exercices de la première et de la deuxième partie auxquels on ajoute les suivants :

EXERCICES D'ÉQUILIBRE

1er EXERCICE. — **Se tenir sur le pied gauche, la cuisse droite fléchie sur le tronc, et la jambe sur la cuisse; les mains croisées au-dessous du genou fléchi.**

Le professeur commande :

1. *Attention.*

2. *Equilibre sur le pied gauche, la jambe droite pliée en avant.*

3. EN POSITION

4. REPOS.

Au deuxième commandement, porter tout le poids du corps sur le pied gauche.

Au troisième commandement, lever le genou droit, placer les doigts croisés sur le milieu de la jambe, serrer le plus possible la cuisse contre le ventre et la jambe contre la cuisse; le pied tombant naturellement, le corps droit.

Se tenir dans cette position jusqu'au commandement de *repos*.

A ce commandement, lâcher la jambe droite et reprendre la première position.

L'équilibre sur le pied droit s'exécute d'apres les mêmes principes.

2e Exercice. — **Se tenir sur le pied gauche, la jambe droite étant fléchie sur la cuisse, en arrière, le pied soutenu par la main droite, le bras gauche placé verticalement au-dessus de la tête.**

Le professeur commande

1. *Attention.*

2. *Équilibre sur le pied gauche, la jambe droite pliée en arrière.*

3. En position.

4. Repos.

Au deuxième commandement, porter tout le poids du corps sur le pied gauche.

Au troisième commandement, fléchir la jambe droite en arrière, la saisir en dehors, au cou-de-pied avec la main droite, l'appuyer fortement sur la cuisse qui reste verticale; le bras gauche en l'air, le poing fermé, les ongles en dedans; se tenir dans cette position jusqu'au commandement de *repos*, lâcher alors la jambe et reprendre la première position.

L'équilibre sur le pied droit s'exécute d'après les mêmes principes.

3e Exercice. — **Se tenir sur le pied droit, saisir le pied gauche avec la main droite, la jambe étant fléchie sur la cuisse, le bras gauche placé verticalement.**

Le professeur commande :

1. *Attention.*

2. *Équilibre sur le pied droit, la jambe gauche pliée en arrière, le cou-de-pied maintenu avec la main droite.*

3. En position.

4. Repos.

Au deuxième commandement, porter tout le poids du corps sur le pied droit.

Au troisième commandement, fléchir la jambe gauche

en arrière, passer la main droite derrière le corps pour maintenir le cou-de-pied gauche, la cuisse placée verticalement, le bras gauche en l'air, le poing fermé, les ongles en dedans ; se tenir dans cette position jusqu'au commandement de *repos*. Lâcher alors la jambe et reprendre la première position.

L'équilibre sur le pied gauche s'exécute d'après les mêmes principes, ainsi qu'il est dit ci-contre.

4e EXERCICE. — **Se tenir sur le pied droit, le bras droit placé verticalement, fléchir la jambe gauche et la saisir en dedans avec la main gauche, au-dessus du cou-de-pied.**

Le professeur commande :

1. *Attention.*
2. *Équilibre sur le pied droit, la jambe gauche pliée en avant et soutenue en dedans par la main gauche.*
3. EN POSITION.
4. REPOS.

Au deuxième commandement, porter tout le poids du corps sur le pied droit.

Au troisième commandement, lever le genou gauche le plus possible ; passer le bras gauche en dedans et sous la jambe pliée, et saisir le cou-de-pied avec la main gauche, le bras droit en l'air, le poing fermé, les ongles en dedans ; se tenir dans cette position jusqu'au commandement de *repos*.

Lâcher alors la jambe et reprendre la première position.

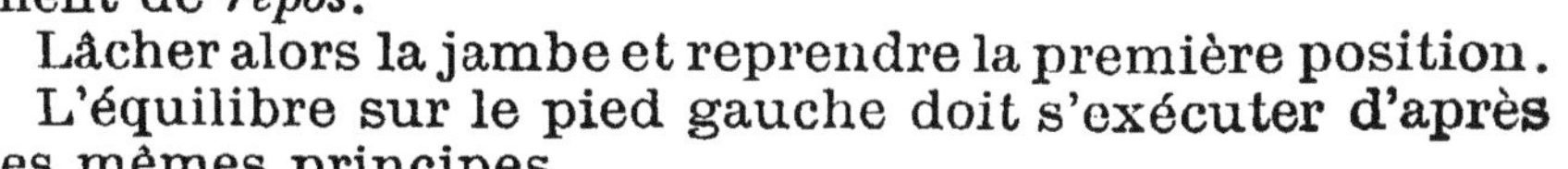

L'équilibre sur le pied gauche doit s'exécuter d'après les mêmes principes.

5e EXERCICE. — **Équilibre alternatif sur un pied, le corps porté en avant, les bras tendus.**

Le professeur commande :

1. *Attention.*
2. *Équilibre sur le pied droit, le corps penché en avant.*
3. EN POSITION.

4. REPOS.

Au deuxième commandement, porter tout le poids du corps sur le pied droit.

Au troisième commandement, pencher le corps en avant, les bras tendus, les poings à hauteur des épaules, les ongles en dedans; fléchir la jambe droite, la jambe gauche allongée en arrière et élevée le plus possible ; la pointe du pied dirigée vers la terre.

Se tenir dans cette position jusqu'au commandement de *repos*.

A ce commandement, reprendre la première position.

L'équilibre sur le pied gauche s'exécute d'après les mêmes principes.

6e Exercice. — **Équilibre alternatif sur un pied, le corps en arrière, les bras horizontalement en avant.**

Le professeur commande :

1. *Attention.*
2. *Équilibre sur le pied gauche, le corps penché en arrière.*
3. EN POSITION.
4. REPOS.

Au deuxième commandement, porter tout le poids du corps sur le pied gauche.

Au troisième commandement, pencher le haut du corps en arrière le plus possible, en fléchissant la jambe gauche; la jambe droite et les bras tendus en avant, les poings fermés, les ongles en dedans.

Se tenir dans cette position jusqu'au commandement de *repos*.

A ce commandement, reprendre la première position.

Mêmes principes pour l'"équilibre sur le pied droit.

EXERCICES ÉLÉMENTAIRES EN MARCHANT

(TROISIÈME SÉRIE)

1er EXERCICE. — **Lancer les bras en avant, alternativement, en avançant au pas modéré; en deux temps.**

Le professeur commande :

1. *Attention.*
2. *Lancez les bras en avant, alternativement. en avançant au pas modéré; en deux temps.*
3. MARCHE.
4. HALTE.

Au commandement de *marche*, lancer le bras droit tendu en avant, le poing à hauteur de l'épaule et porter en même temps le pied droit en avant, en comptant *un*; ramener ensuite le bras droit tendu à sa première position, en comptant *deux*.

Exécuter le même mouvement avec les extrémités gauches, et continuer jusqu'au commandement de *halte*.

A ce commandement, ramener le pied qui est en arrière à côté de l'autre et reprendre la première position.

2e EXERCICE. — **Lancer les bras en avant, alternativement, en marchant en arrière; en deux temps.**

Le professeur commande :

1. *Attention.*
2. *Lancez les bras en avant, alternativement, en marchant en arrière; en deux temps.*
3. MARCHE.
4. HALTE.

Au commandement de *marche*, placer le bras droit

tendu en avant, le poing à hauteur de l'épaule, et porter en même temps le pied droit en arrière, en comptant *un*; ramener ensuite le bras droit tendu à sa première position, en comptant *deux*.

Exécuter le même mouvement avec les extrémités gauches, et continuer ainsi jusqu'au commandement de *halte*. Alors ramener le pied qui est en avant à côté de l'autre et reprendre la première position.

3e Exercice. — **Lancer les bras en avant simultanément, en avançant au pas modéré; en deux temps.**

Le professeur commande :

1. *Attention.*
2. *Lancez les bras en avant simultanément, en avançant au pas modéré; en deux temps.*
3. MARCHE.
4. HALTE.

Au commandement de *marche*, lancer les bras tendu en avant, les poings à hauteur des épaules, et avance en même temps le pied droit, en comptant *un*; ramene les bras tendus à leur première position, en comptant *deux*.

Exécuter le même mouvement avec la jambe gauche et continuer ainsi jusqu'au commandement de *halte*.

A ce commandement, ramener le pied qui est en arrière à côté de l'autre, et reprendre la première position.

4e Exercice. — **Lancer les bras en avant, simultanément, en marchant en arrière; en deux temps.**

Le professeur commande :

1. *Attention.*
2. *Lancez les bras en avant, simultanément, en marchant en arrière; en deux temps.*
3. MARCHE.
4. HALTE.

Au commandement de *marche*, lancer les bras tendus en avant, les poings à hauteur des épaules, et port en même temps le pied droit en arrière, en comptant *un*, ramener les bras tendus à leur première position, en comptant *deux*.

Exécuter le même mouvement avec le pied gauche, et continuer ainsi jusqu'au commandement de *halte*.

A ce commandement, rapporter le pied qui est en avant à côté de l'autre, et reprendre la première position.

5e EXERCICE. — **Lancer alternativement les bras en avant, et les rapprocher du corps, dans la flexion, en avançant; en quatre temps.**

Le professeur commande:

1. *Attention.*
2. *Flexion et extension alternative des bras, en avançant; en quatre temps.*
3. MARCHE.
4. HALTE.

Au commandement de *marche*, fléchir le bras droit, porter le poing à l'épaule et avancer en même temps le pied droit, en comptant *un*; étendre le bras en avant, en comptant *deux*; ramener le poing à l'épaule, en comptant *trois*; laisser tomber le bras à sa première position, en comptant *quatre*.

Exécuter le même mouvement avec les extrémités gauches, et continuer jusqu'au commandement de *halte*.

A ce commandement, rapporter le pied qui est en arrière à côté de l'autre, et reprendre la première position.

6e EXERCICE. — **Lancer simultanément les bras en avant, et les rapprocher du corps dans la flexion, en avançant; en quatre temps.**

Le professeur commande:

1. *Attention.*
2. *Flexion et extension simultanée des bras en avacant , en quatre temps.*
3. MARCHE.
4. HALTE.

Au commandement de *marche*, fléchir les bras, port les poings à hauteur des épaules et avancer en mên temps le pied droit, en comptant *un;* étendre les br en avant, en comptant *deux;* ramener les poings au épaules, en comptant *trois;* laisser tomber les bras leur première position, en comptant *quatre.*

Exécuter le même mouvement avec la jambe gauc et continuer jusqu'au commandement de *halte.*

A ce commandement, ramener le pied qui est arriè à côté de l'autre, et reprendre la première position.

7e Exercice. — **Porter les bras en avant, alternat vement, et les ramener dans l'extension sur l côtés du corps, en avançant la jambe du mên côté; en quatre temps.**

Le professeur commande :

1. *Attention.*
2. *Mouvement alternatif des bras et des jambes en avant, portant ensuite les bras tendus sur les côtés; en quatre temps.*
3. MARCHE.
4. HALTE.

Au commandement de *marche*, fléchir le bras droit porter en même temps le pied droit en avant, en comp tant *un :* développer le bras en avant, en comptant *deu* le porter tendu sur le côté, en comptant *trois*; le lai ser tomber à sa première position, en comptant *quatr*

Exécuter le même mouvement avec les extrémit gauches, et continuer ainsi jusqu'au commandeme de *halte.*

A ce commandement, ramener le pied qui est en a rière à côté de l'autre et reprendre la première positio

8e Exercice. — **Porter les bras en avant, alternat vement, et les ramener dans l'extension sur l côtés du corps, en marchant en arrière; en quat temps.**

Le professeur commande :

1. *Attention.*
2. *Porter alternativement les bras en avant, et les ramen*

nsuite tendus sur les côtés, en marchant en arrière ; en quatre emps.

3. MARCHE.

4. HALTE.

Au commandement de *marche*, fléchir le bras droit et orter en même temps le pied droit en arrière, en compant *un;* développer le bras en avant, en comptant *leux* ; le porter tendu sur le côté, en comptant *trois*; le aisser tomber à sa première position, en comptant *uatre.*

Exécuter le même mouvement avec les extrémités auches, et continuer ainsi jusqu'au commandement de *alte.*

A ce commandement, rapporter le pied qui est en vant à côté de l'autre et reprendre la première position.

e EXERCICE. — **Porter les bras en avant simultanément, et les ramener dans l'extension sur les côtés du corps, en avançant; en quatre temps.**

Le professeur commande :

1. *Attention.*

2. *Mouvement simultané des bras et alternatif des jambes en vant, en portant ensuite les bras tendus sur les côtés ; en quatre emps.*

3. MARCHE.

4. HALTE.

Au commandement de *marche*, fléchir les bras et porer en même temps le pied droit en avant, en comptant *n;* développer les bras en avant, en comptant *deux;* s porter tendus sur les côtés, en comptant *trois;* les isser tomber à leur première position, en comptant *uatre.*

Exécuter le même mouvement avec la jambe gauche t continuer ainsi jusqu'au commandement de *halte.*

A ce commandement, ramener le pied qui est en rrière à côté de l'autre, et reprendre la première posiion.

10e Exercice. — **Porter les bras en avant simultanément, et les ramener dans l'extension sur les côtés du corps, en marchant en arrière; en quatre temps.**

Le professeur commande :

1. *Attention.*

2. *Porter simultanément les bras en avant, et les ramener ensuite tendus sur les côtés, en marchant en arrière ; en quatre temps.*

3. MARCHE.

4. HALTE.

Au commandement de *marche*, fléchir les bras et porter en même temps le pied droit en arrière, en comptant *un*; développer les bras en avant, en comptant *deux*; les porter tendus sur les côtés, en comptant *trois*; les laisser tomber à leur première position, en comptant *quatre*.

Exécuter le même mouvement avec la jambe gauche et continuer ainsi jusqu'au commandement de *halte*.

A ce commandement, rapporter le pied qui est en avant à côté de l'autre, et reprendre la première position.

11e Exercice. — **Porter les bras en avant, alternativement, et les ramener dans l'extension sur les côtés du corps, en avançant la jambe du côté opposé; en quatre temps.**

Le professeur commande :

1. *Attention.*

2. *Mouvement alternatif des extrémités opposées, en avançant ; en quatre temps.*

3. MARCHE.

4. HALTE.

Au commandement de *marche*, fléchir le bras droit, et porter en même temps le pied gauche en avant, en comptant *un*; développer le bras en avant, en comptant *deux*; le porter tendu sur le côté, en comptant *trois*; le laisser tomber à sa première position, en comptant *quatre*.

Exécuter le même mouvement avec le bras gauche et la jambe droite, et continuer ainsi jusqu'au commandement de *halte*.

A ce commandement, rapporter le pied qui est en arrière à côté de l'autre, et reprendre la première position.

12e EXERCICE. — **Porter les bras en avant, alternativement, et les ramener dans l'extension sur les côtés du corps en marchant en arrière; en quatre temps.**

Le professeur commande :

1. *Attention.*
2. *Mouvement alternatif des extrémités opposées, en marchant en arrière; en quatre temps.*
3. MARCHE.
4. HALTE.

Au commandement de *marche*, fléchir le bras droit, et porter en même temps le pied gauche en arrière, en comptant *un*; développer le bras en avant, en comptant *deux*; le porter tendu sur le côté, en comptant *trois*; le laisser tomber à sa première position, en comptant *quatre*.

Exécuter le même mouvement avec le bras gauche et la jambe droite, et continuer ainsi jusqu'au commandement de *halte*.

A ce commandement, rapporter le pied qui est en avant à côté de l'autre, et reprendre la première position.

13e EXERCICE. — **Flexion du corps en portant les jambes en avant, alternativement, et mouvement vertical des bras** *(flexion et extension)*; **en quatre temps.**

Le professeur commande :

1. *Attention.*
2. *Flexion du corps en portant les jambes alternativement en avant et mouvement vertical des bras; en quatre temps.*
3. MARCHE.

4. HALTE.

Au commandement de *marche*, porter le pied gauche en avant, le jarret plié, la jambe droite tendue ; incliner fortement le haut du corps en avant, en conservant le jarret droit tendu, et porter les poings près du sol, en comptant *un ;* se redresser, porter les poings aux épaules, en comptant *deux*, développer les bras verticalement, en comptant *trois*, ramener les poings aux épaules, en comptant *quatre*.

Exécuter le même mouvement sur la jambe droite, en partant de cette dernière position et continuer ainsi jusqu'au commandement de *halte*.

A ce commandement, rapporter le pied qui est en arrière à côté de l'autre et reprendre la première position.

14° EXERCICE. — **Flexion du corps en portant les jambes en arrière, alternativement, et mouvement vertical des bras** *(flexion et extension)*; **en quatre temps.**

Le professeur commande :

1. *Attention.*
2. ***Flexion du corps en avant et mouvement vertical des bras, en marchant en arrière; en quatre temps.***
3. MARCHE.
4. HALTE.

Au commandement de *marche*, porter le pied gauche en arrière, le jarret droit plié, la jambe gauche tendue ; incliner le haut du corps en avant, en conservant le jarret gauche tendu, et porter les poings près du sol, en comptant *un;* se redresser, porter les poings aux épaules, en comptant *deux;* développer les bras verticalement, en comptant *trois*, ramener les poings aux épaules, en comptant *quatre*.

Exécuter le même mouvement, en portant le pied droit en arrière et continuer jusqu'au commandement de *halte*.

A ce commandement, rapporter le pied qui est en avant à côté de l'autre et reprendre la première position.

15e Exercice. — **Mouvement vertical des bras, en marchant au pas accéléré** *(flexion et extension)*; **en quatre temps.**

Le professeur commande :

1. *Attention.*

2. *Mouvement vertical des bras, en marchant au pas accéléré; en quatre temps.*

3. MARCHE.

3. HALTE.

Au commandement de *marche,* fléchir les bras et porter en même temps le pied gauche en avant, en comptant *un;* élever les bras verticalement et porter le pied droit en avant, en comptant *deux;* ramener les poings aux épaules et porter le pied gauche en avant en comptant *trois;* descendre les mains à leur première position pour terminer sur le pied droit, en comptant *quatre.*

Continuer jusqu'au commandement de *halte.*

A ce commandement, rapporter le pied droit à côté du gauche, et reprendre la première position.

16e Exercice. — **Mouvement latéral des bras, en marchant au pas accéléré** *(flexion et extension)*; **en quatre temps.**

Le professeur commande :

1. *Attention.*

2. *Mouvement latéral des bras, en marchant au pas accéléré; en quatre temps.*

3. MARCHE.

4. HALTE.

Au commandement de *marche,* fléchir les bras et porter en même le pied gauche en avant, en comptant *un;* étendre les bras sur les côtés, porter le pied droit en avant, en comptant *deux;* ramener les poings aux épaules et porter en même temps le pied gauche en avant, en comptant *trois;* laisser tomber les bras à leur première position pour terminer sur le pied droit, en comptant *quatre,* et continuer ainsi jusqu'au commandement de *halte.*

A ce commandement, rapporter le pied droit à côté du gauche et reprendre la première position.

17e Exercice. — **Porter les bras en avant, et ensuite tendus sur les côtés, au pas accéléré; en quatre temps.**

Le professeur commande :

1. *Attention.*

2. *Portez les bras en avant, et ensuite tendus sur les côtés, au pas accéléré ; en quatre temps.*

3. MARCHE.

4. HALTE.

Au commandement de *marche*, fléchir les bras et porter en même temps le pied gauche en avant, en comptant *un;* développer les bras en avant et avancer le pied droit, en comptant *deux;* étendre les bras latéralement et porter le pied gauche en avant, en comptant *trois;* laisser tomber les bras à leur première position pour terminer sur le pied droit, en comptant *quatre*, et continuer ainsi jusqu'au commandement de *halte*.

A ce commandement, rapporter le pied droit à côté du gauche et reprendre la première position (1).

(1) Les exercices élémentaires peuvent être exécutés avec des haltères, excepté les 1er, 2e, 3e, 9e, 10e, 19e, 20e, 21e, 22e et 23e exercices de la première partie, et les 2e, 8e et 9e de la deuxième partie.

Avant de faire prendre la grande ou la petite distance sur la droite, le professeur commande :

LES HALTÈRES DANS LA MAIN GAUCHE.

A ce commandement, les élèves placent les haltères dans la main gauche.

Après le commandement de *fixe*, le professeur commande :

LES HALTÈRES DANS LES DEUX MAINS.

A ce commandement, les élèves reprennent une haltère de chaque main.

Les distances sur la gauche se prennent d'après les mêmes principes et par les moyens inverses.

Pour prendre les distances sur le centre, le professeur commande :

LES ÉLÈVES DE DROITE, LES HALTÈRES DANS LA MAIN DROITE. —

EXERCICES DE LA CANNE EXÉCUTÉS A DEUX

(TROISIÈME SÉRIE)

Les pelotons étant formés comme il est indiqué à la page 3, et les élèves tenant dans la main gauche la canne placée verticalement sur le côté, le professeur leur fait prendre la grande distance, et après le commandement de *fixe*, il commande :

1. *Numéros pairs, deux pas en avant.*
2. MARCHE.

Au commandement de *marche*, les numéros pairs se

LES ÉLÈVES DE GAUCHE, LES HALTÈRES DANS LA MAIN GAUCHE

Après le commandement de *fixe*, le professeur commande :

LES HALTÈRES DANS LES DEUX MAINS.

Les exercices indiqués ci-dessus devant être exécutés les mains libres, le professeur, après avoir fait prendre les distances, commande :

POSEZ LES HALTÈRES.

A ce commandement, chaque élève fléchit les extrémités inférieures, écarte les bras, pose ses haltères sur le sol, près de celles de ses voisins, et reprend la première position.

Ces divers exercices étant exécutés, le professeur commande :

REPRENEZ LES HALTÈRES.

A ce commandement, chaque élève se baisse, saisit ses haltères et se remet à la première position.

Nota. — *La Gymnastique étant destinée à favoriser le développement progressif du système musculaire, la vigueur et la souplesse des organes, on doit arriver à ce résultat au moyen d'exercices modérés, par l'emploi d'instruments qui soient en rapport avec la force actuelle des élèves.*

Méconnaître ce principe de l'équilibre entre l'effort demandé et les moyens d'y satisfaire, c'est marcher vers un résultat tout opposé au but que l'on veut atteindre, c'est produire, au lieu de la vigueur croissante, la fatigue, l'affaiblissement progressif.

Si donc les élèves de la deuxième série, entre neuf et onze ans, commencent le maniement des haltères, le poids de ces objets ne devra pas dépasser un kilogramme, parce que la dépense de force demandée ne dépassera pas celle que la moyenne des enfants de cet âge peut fournir, sans efforts pénibles ou douloureux.

Il est bien évident que le poids des haltères augmentera progressivement avec l'âge et la force des élèves.

portent deux pas en avant, en obliquant à droite, et font demi-tour pour se trouver face aux numéros impairs.

Ensuite, les élèves se présentent mutuellement la canne, de la main gauche, en saisissent l'extrémité avec la main droite et laissent tomber les bras le long du corps, les cannes placées horizontalement sur les côtés.

Pour qu'il n'y ait pas confusion, les numéros impairs commencent toujours les mouvements, soit alternatifs, soit simultanés.

1er EXERCICE. — **Demi-cercles alternatifs à droite et à gauche; en deux temps.**

Le professeur commande :

1. *Attention.*
2. *Demi-cercles alternatifs à droite et à gauche ; en deux temps.*
3. COMMENCEZ.
4. CESSEZ.

Au commandement de *commencez*, élever la canne au-dessus de la tête le bras tendu, en comptant *un*, la ramener à sa première position, en comptant *deux*.

Exécuter le même mouvement du côté opposé et continuer ainsi jusqu'au commandement de *cessez*.

2e Exercice. — **Demi-cercles simultanés à droite et à gauche; en deux temps.**

Le professeur commande :

1. *Attention.*
2. *Demi-cercles simultanés à droite et à gauche; en deux temps.*
3. COMMENCEZ.
4. CESSEZ.

Au commandement de *commencez*, élever les cannes au-dessus de la tête, les bras tendus, en comptant *un*; les

ramener à leur première position, en comptant *deux*; et continuer ainsi jusqu'au commandement de *cessez*.

3e Exercice. — **Demi-cercles alternatifs à droite et à gauche, en avançant la jambe correspondante; en deux temps.**

Le professeur commande :

1. *Attention.*
2. *Demi-cercles alternatifs à droite et à gauche, en avançant la jambe correspondante; en deux temps.*
3. COMMENCEZ.
4. CESSEZ.

Au commandement de *commencez*, élever la canne sur

le côté, au-dessus de la tête, le bras tendu, les numéros impairs faisant un demi-à-droite, les numéros pairs un demi-à-gauche, et se fendant, les premiers de la jambe

droite, les seconds de la jambe gauche, en comptant *un*; le jarret plié, la pointe du pied ouverte, la tête droite et les yeux suivant le mouvement de la canne; revenir ensuite à la première position, en comptant *deux*.

Exécuter le même mouvement du côté opposé, et continuer alternativement jusqu'au commandement de *cessez*.

4° Exercice. — **Flexion des jambes et demi-cercles simultanés sur les côtés; en deux temps.**

Le professeur commande :

1. *Attention.*

2. *Flexion des jambes et demi-cercles simultanés; en deux temps.*

3. EN POSITION.

4. COMMENCEZ.

5. CESSEZ.

Au troisième commandement, rapprocher les pieds l'un contre l'autre.

Au commandement de *commencez*, fléchir, le plus possible, les extrémités inférieures, les talons élevés, les bras restant à leur position, en comptant *un*; se relever graduellement, porter les cannes au-dessus de la tête, les bras tendus, en comptant *deux*.

Répéter le même exercice, en partant de cette dernière position, et continuer jusqu'au commandement de *cessez*.

A ce commandement, abaisser les cannes et reprendre la première position.

5e EXERCICE. — **Porter alternativement les cannes près des épaules et les lancer ensuite sur les côtés, en avançant le pied correspondant; en quatre temps.**

Le professeur commande:

1. *Attention.*
2. *Lancez alternativement les cannes sur les côtés, en avançant le pied correspondant; en quatre temps.*
3. COMMENCEZ.
4. CESSEZ.

Au commandement de *commencez*, plier le bras et porter la canne à hauteur de l'épaule, en comptant *un*; la lancer horizontalement sur le côté et avancer en même temps le pied correspondant, le jarret plié, la pointe du pied ouverte, en comptant *deux*; ramener la canne à l'épaule, détacher du sol le pied qui est sur le côté, en comptant *trois*; descendre la canne à la première position et rapporter le pied qui est levé à côté de l'autre, en comptant *quatre*.

Exécuter le même exercice du côté opposé et continuer jusqu'au commandement de *cessez*.

6e EXERCICE. — **Cercles alternatifs sur les côtés; en deux temps.**

Le professeur commande :

1. *Attention.*
2. *Cercles alternatifs sur les côtés; en deux temps.*
3. COMMENCEZ.

4. CESSEZ.

Au commandement de *commencez*, imprimer au poignet un mouvement de rotation en dedans; développer le bras et porter la canne au-dessus de la tête, en comptant *un*; continuer de faire décrire à la canne un cercle sur le côté, le bras tendu, et revenir à la première position, en comptant *deux*.

Exécuter le même exercice du côté opposé, et continuer jusqu'au commandement de *cessez*.

7e EXERCICE. — **Cercles simultanés sur les côtés; en deux temps.**

Le professeur commande :

1. *Attention.*
2. *Cercles simultanés sur les côtés ; en deux temps.*
3. COMMENCEZ.
4. CESSEZ.

Au commandement de *commencez*, imprimer aux poignets un mouvement de rotation en dedans; développer les bras et porter les cannes au-dessus de la tête, en comptant *un*; continuer de faire décrire aux cannes un cercle sur les côtés, les bras tendus, et revenir à la première position, en comptant *deux*.

Continuer jusqu'au commandement de *cessez*.

8e EXERCICE. — **Mouvement alternatif et continu des cannes, en avant et en arrière; en deux temps.**

Le professeur commande :

1. *Attention.*
2. *Mouvement alternatif et continu des cannes, en avant et en arrière; en deux temps.*
3. EN POSITION.
4. COMMENCEZ.
5. CESSEZ.

Au troisième commandement, porter le pied droit en avant.

Au commandement de *commencez*, lancer ensemble le bras droit en avant, en comptant *un*; le corps restant droit le bras gauche en arrière et suivant le mouvement de la canne; lancer de même le bras gauche en avant, le droit en arrière et suivant le mouvement de la canne, en comptant *deux*.

Continuer cet exercice jusqu'au commandement de *cessez*.

A ce commandement, rapporter le pied qui est en avant à côté de l'autre et reprendre la première position.

Cet exercice s'exécute aussi le pied gauche en avant.

9e Exercice. — **Mouvement simultané des cannes, en avant et en arrière ; en deux temps.**

Le professeur commande :

1. *Attention.*
2. *Mouvement simultané des cannes, en avant et en arrière ; en deux temps.*
3. COMMENCEZ.
4. CESSEZ.

Au commandement de *commencez*, les numéros impairs poussent les cannes en avant, les numéros pairs cèdent au mouvement, en portant les mains en arrière et le plus loin possible ; ensuite, les numéros pairs exécutent ce qui vient d'être prescrit pour les numéros im-

pairs, qui, à leur tour, cèdent au mouvement, en portant les bras en arrière.

Continuer ainsi jusqu'au commandement de *cessez*.

A ce commandement, reprendre la première position.

10e Exercice. — **Doubles cercles sur le côté, les numéros impairs le pied gauche en avant, les numéros pairs le pied droit; en deux temps.**

Le professeur commande :

1. *Attention.*
2. *Doubles cercles sur le côté, les numéros impairs le pied gauche en avant, les numéros pairs le pied droit : en deux temps.*
3. EN POSITION.
4. COMMENCEZ.
5. CESSEZ.

Au troisième commandement, les numéros impairs portent le pied gauche en avant, et les numéros pairs le pied droit.

Au commandement de *commencez*, les numéros impairs poussent la canne avec la main droite et avancent l'épaule droite, pendant que les numéros pairs cèdent au mouvement en portant le bras gauche en arrière, et en effaçant l'épaule, l'autre canne ne bougeant pas; les numéros impairs continuent le mouvement jusqu'à ce que la canne soit le plus élevée possibie, puis ils retirent le bras en arrière en effaçant le corps à droite; les numéros pairs se conforment au mouvement.

Continuer ainsi jusqu'au commandement de *cessez*.

A ce commandement, replacer la canne à sa première position.

Le professeur commande ensuite :

1. *Même exercice en sens inverse.*
2. COMMENCEZ.
3. CESSEZ.

Au commandement de *commencez*, exécuter le même exercice, les numéros pairs commençant le mouvement en poussant la canne avec la main gauche.

Au commandement de *cessez*, replacer la canne à sa

position et rapporter le pied qui est en avant à côté de l'autre.

11e Exercice — **Doubles cercles sur le côté; les numéros pairs le pied gauche en avant, les numéros impairs le pied droit; en deux temps.**

Le professeur commande :

1. *Attention.*
2. *Doubles cercles sur le côté; les numéros pairs le pied gauche en avant, les numéros impairs le pied droit; en deux temps.*
3. EN POSITION.
4. COMMENCEZ.
5. CESSEZ.

Au troisième commandement, les numéros pairs portent le pied gauche en avant et les numéros impairs le pied droit.

Au commandement de *commencez*, exécuter ce qui vient d'être indiqué au numéro précédent, avec cette différence que cette fois ce sont les numéros pairs qui commencent le mouvement, en poussant la canne avec la main droite. Les numéros impairs se conforment au mouvement.

Continuer ainsi jusqu'au commandement de *cessez*.

A ce commandement, replacer la canne à sa première position.

Le professeur commande ensuite :

1. *Même exercice en sens inverse.*
2. COMMENCEZ.
3. CESSEZ.

Au commandement de *commencez*, exécuter le même exercice, les numéros impairs commençant le mouvement, en poussant la canne avec la main gauche.

Au commandement de *cessez*, replacer la canne à sa position et rapporter le pied qui est en avant à côté de l'autre.

12e Exercice. — **Doubles cercles alternatifs et continus; en deux temps.**

Le professeur commande :

1. *Attention.*

2. *Doubles cercles alternatifs et continus; en deux temps.*
3. EN POSITION.
4. COMMENCEZ.
5. CESSEZ.

Au troisième commandement, porter le pied gauch en avant.

Au commandement de *commencez*, les numéros impair poussent la canne avec la main droite, en avançan l'épaule droite, les numéros pairs cèdent au mouvement portent le bras gauche en arrière, en effaçant l'épaule et poussent l'autre canne avec la main droite; le numéros impairs cèdent à ce dernier mouvement, e portant le bras gauche en arrière.

Continuer le mouvement en décrivant avec les main deux cercles égaux; les cannes se relevant et se baissan alternativement, le corps faisant un mouvement d rotation sur les hanches.

Continuer ainsi jusqu'au commandement de *cessez*.

A ce commandement, replacer les cannes près d corps, à leur première position, et conserver le pie gauche en avant.

Le professeur commande ensuite :

1. *Même exercice en sens inverse.*
2. COMMENCEZ.
3. CESSEZ.

Au commandement de *commencez*, exécuter le mêm exercice en sens inverse, les numéros pairs commençan le mouvement.

Au commandement de *cessez*, replacer les cannes prè du corps, à leur première position, et rapporter le pie gauche à côté du droit.

13e Exercice. — **Doubles cercles simultanés des deu côtés; en deux temps.**

Le professeur commande :

1. *Attention.*
2. *Doubles cercles simultanés des deux côtés; en deux temp.*
3. EN POSITION.
4. COMMENCEZ.
5. CESSEZ.

Au troisième commandement, porter le pied gauche en avant.

Au commandement de *commencez*, les numéros impairs poussent simultanément les cannes en avant et avancent le haut du corps, tandis que les numéros pairs, cédant au mouvement, portent le haut du corps et les bras en arrière; les numéros impairs continuent d'élever les cannes de manière à leur faire décrire un cercle, en portant le haut du corps et les bras en arrière. Les numéros pairs se conforment au mouvement.

Continuer ainsi jusqu'au commandement de *cessez*.

A ce commandement, replacer les cannes près du corps, à leur première position, et conserver le pied gauche en avant.

Le professeur commande ensuite :

1. *Même exercice, en sens inverse.*
2. COMMENCEZ.
3. CESSEZ.

Au commandement de *commencez*, exécuter le même exercice en sens inverse, les numéros pairs commençant le mouvement.

Au commandement de *cessez*, replacer les cannes à leur position, et rapporter le pied gauche à côté du droit.

14. EXERCICE. — **Porter les cannes au-dessus de la tête, en faisant demi-tour; en deux temps.**

Le professeur commande :

1. *Attention.*
2. *Mouvement vertical et alternatif des cannes au-dessus de la tête; en deux temps.*
3. COMMENCEZ.
4. CESSEZ.

Au commandement de *commencez*, les numéros impairs faisant un à-droite, les numéros pairs un à-gauche, élèvent au-dessus de la tête la canne qui est devant eux, en comptant *un*; le haut du corps un peu en arrière, l'autre canne derrière le corps, les bras allongés, cette position étant marquée, ils baissent ensemble la canne qu'ils viennent d'élever, font un demi-tour en pivoiant sur le talon gauche et en élevant aussitôt l'autr canne au-dessus de la tête, celle qui vient de des cendre restant, à son tour, derrière le corps, e comptant *deux*.

Ils continuent le mouvement, en faisant chaque foi demi-tour, jusqu'au commandement de *cessez*.

A ce commandement, ils cessent le mouvement e reviennent à la première position en faisant, les numé ros impairs un à-droite et les numéros pairs un à gauche.

Ces exercices terminés, le professeur commande :

1. *A vos rangs.*

2. MARCHE.

Au second commandement, tous les élèves replacen la canne verticalement dans la main gauche, et les nu méros pairs reprennent leur place dans le rang.

EXERCICES D'APPLICATION

BARRES PARALLÈLES FIXES

(DEUXIÈME SÉRIE)

1er EXERCICE. — **Suspension par les mains et les pieds**

L'élève étant suspendu sur les mains, lance le jambes en arrière, en les élevant un peu au-dessu

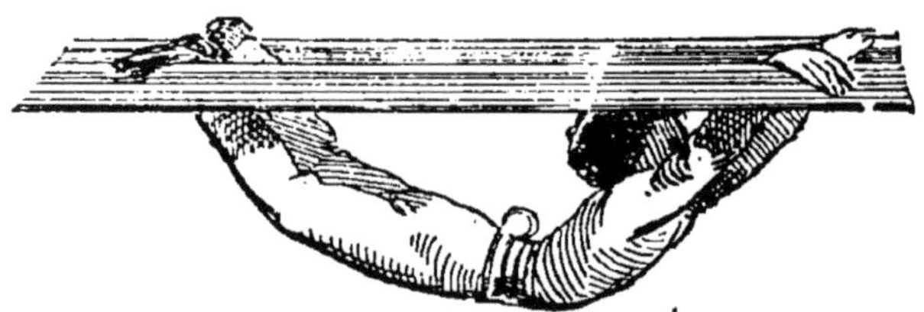

des barres; les écarte aussitôt, accroche un pied e dehors de chaque barre, s'allonge et abaisse lentemen le corps, qui reste ainsi suspendu par les mains et le pieds.

L'élève relève ensuite le corps en redressant les bra

l'un après l'autre, ou simultanément, détache les pieds des barres, et laisse pendre les jambes naturellement.

Le professeur soutient, par l'anneau de la ceinture, les élèves faibles ou peu exercés.

2e EXERCICE. — **Porter les jambes en avant, sur la barre droite, ensuite sur la barre gauche; en deux temps.**

L'élève, étant suspendu sur les mains, porte les jambes en avant, en comptant *un*; appuie les jarrets sur la barre droite, en comptant *deux*; il dégage ensuite les jambes en avant, en comptant *un*; entre dans les barres, en comptant *deux*; reporte les jambes en avant, en comptant *un*; appuie les jarrets sur la barre gauche, en comptant *deux*, et continue ainsi.

Le professeur exerce aussi les élèves à porter les jambes d'une barre à l'autre, sans revenir à la première position.

L'élève porte les jambes en avant, en comptant *un*; appuie les jarrets sur la barre droite, en comptant *deux*; dégage les jambes, en comptant *un*, pour les porter aussitôt sur la barre gauche, en comptant *deux*.

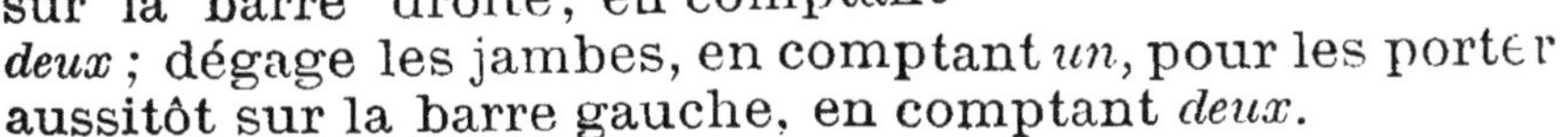

3e EXERCICE. — **Se lancer à terre, en avant, vers la droite** (*ou vers la gauche*), **en franchissant l'une des barres; en quatre temps.**

L'élève étant suspendu sur les mains, porte les jambes en avant, en comptant *un*, puis en arrière, en comptant *deux*; les reporte en avant, par-dessus la barre droite, en poussant le corps dans cette direction, avec les bras, en comptant *trois*, et tombe à terre, en comptant *quatre*.

A la fin du quatrième mouvement, la main gauche remplace la main droite sur la barre droite.

Il se lance à terre, en avant, vers la gauche, d'après les mêmes principes.

Cet exercice s'exécute aussi en deux temps :

L'élève entre dans les barres en courant, se suspend sur les mains, lance les jambes en avant, par-dessus la barre droite, en comptant *un*, et tombe à terre, en comptant *deux*.

Il se lance à terre en avant, vers la gauche, d'après les mêmes principes.

4e Exercice. — **Se lancer à terre, en arrière, vers la droite** (*ou vers la gauche*), **en franchissant l'une des barres ; en trois temps.**

L'élève étant suspendu sur les mains, porte les jambes en avant, en comptant *un*, puis en arrière, les jarrets tendus par-dessus la barre droite, en comptant *deux*, et tombe à terre en comptant *trois*, la main gauche remplaçant la main droite.

Il se lance à terre en arrière, vers la gauche, d'après les mêmes principes.

5e Exercice. — **Franchir les barres en trois temps, en s'élançant en avant à droite** (*ou à gauche*).

L'élève se place à quelques pas des barres, perpendiculairement à leur direction ; s'élance, frappe des pieds le sol, en comptant *un* ; place une main sur chaque barre, la gauche sur la première, les pouces en dedans ; enlève le corps en baissant la tête, et portant les jambes en arrière, les jarrets tendus ; passe les jambes par-dessus la première barre, et les porte en avant, en comptant *deux* ; les passe ensuite par-dessus la seconde, et s'élance à terre, en comptant *trois*, la main gauche remplaçant la main droite.

6e Exercice. — **Franchir les barres en quatre temps, en s'élançant en arrière à droite** (*ou à gauche*).

L'élève s'élance, frappe des pieds le sol, et entre dans les barres comme à l'exercice précédent, en comptant *un;* porte les jambes en avant, en comptant *deux;* les reporte en arrière, en comptant *trois;* les passe par-dessus la barre droite, et s'élance à terre, en comptant *quatre.*

7e Exercice. — **Franchir les barres en deux temps, en appuyant les mains sur les deux barres.**

L'élève s'élance, frappe des pieds le sol, en comptant *un;* place les mains comme à l'exercice précédent, enlève les jambes en arrière, en baissant la tête, raidit les bras, donne une impulsion au corps, de gauche à droite, franchit les barres et s'élance à terre de l'autre côté, en comptant *deux.*

Cet exercice et les deux qui le précèdent s'exécutent aussi en plaçant la main droite sur la première barre, et la main gauche sur la deuxième. Dans ce cas, on enlève le corps de droite à gauche.

8e Exercice — **Franchir les barres en deux temps, en appuyant les mains sur la deuxième barre.**

Cet exercice diffère du précédent seulement en ce que les deux mains se placent sur la seconde barre. Pour franchir à droite, on place le pouce de la main droite en dedans de la barre et celui de la main gauche en dehors.

Mêmes principes et moyens inverses, pour franchir à gauche.

Cet exercice s'exécute aussi en plaçant les pouces en dedans de la barre.

BARRES A SUSPENSION.

(DEUXIÈME SÉRIE)

1er Exercice. — **Progression latérale vers la droite** (*ou vers la gauche*).

L'élève étant suspendu, le professeur commande :

1. *Progression latérale vers la droite.*
2. UN.
3. DEUX.
4. HALTE.

Au commandement de *un*, l'élève rapproche la main gauche de la main droite en la faisant glisser le long de la barre.

Au commandement de *deux*, il lève la main droite et la porte à trente-trois centimètres environ, vers le côté droit.

Il continue ainsi jusqu'au commandement de *halte*.

Cet exercice s'exécute vers la gauche d'après les mêmes principes.

2e Exercice. — **Progression par le flanc droit** (*ou gauche*)

L'élève étant suspendu, le professeur commande :

1. *Progression par le flanc droit.*
2. UN.
3. DEUX.
4. HALTE.

Au commandement de *un*, l'élève fait un à-droite en détachant la main gauche de la barre pour la porter à seize centimètres environ en avant de la main droite.

Au commandement de *deux*, il porte la main droite en avant de la main gauche, à la même distance, et continue ainsi jusqu'au commandement de *halte*.

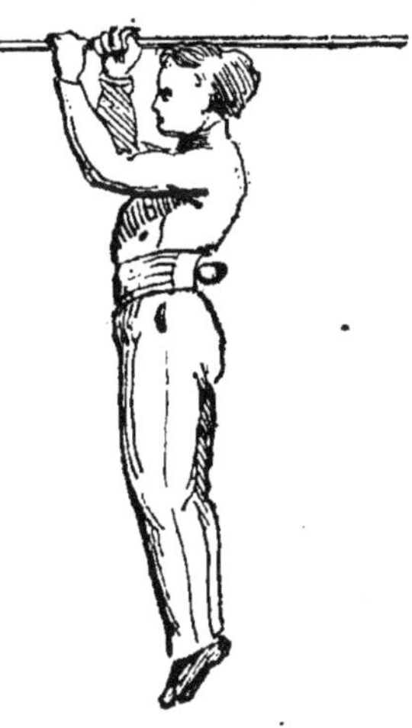

Le mouvement par la gauche s'exécute d'après les mêmes principes.

Le professeur exerce aussi les élèves à se mouvoir en arrière ; à cet effet, il commande :

1. *En arrière.*
2 MARCHE.
3. HALTE.

Au commandement de *marche*, l'élève porte la main qui se trouve en avant le plus possible en arrière de l'autre main, change celle-ci, à son tour, et continue de la même manière jusqu'au commandement de *halte*.

3e EXERCICE. — **Progression par brasses.**

Pour l'exécution de cet exercice, les élèves doi[vent] être assez espacés pour ne pas se gêner.

L'élève étant suspendu, les bras très-écartés, le professeur commande :

1. *Progression par brasses vers la gauche.*
2. MARCHE.
3. HALTE.

Au commandement de *marche*, l'élève appuie légèrement sur la barre, de la main droite, en avançant un peu l'épaule du même côté, lâche la barre de cette main, porte le corps vers la gauche, en faisant face en arrière, les jambes réunies et allongées; la main droite décrivant un demi-cercle, en rasant la cuisse, va se fixer sur la barre, le plus loin possible de la main gauche.

Il exécute le même mouvement avec la main gauche et continue ainsi jusqu'au commandement de *halte*.

Le mouvement par brasses vers la droite s'exécute d'après les mêmes principes.

4e Exercice. — **S'établir sur la barre et s'y placer à cheval.**

Le professeur commande :

1. *Rétablissement par la jambe droite.*
2. *Par le flanc droit.* — A DROITE.
3. UN.
4. DEUX.
5. TROIS.
6. QUATRE.

Au commandement de *à droite*, l'élève fait par le flanc droit.

Au commandement de *un*, il saisit la barre, les mains rapprochées l'une de l'autre, et reste ainsi suspendu en faisant face à droite.

Au commandement de *deux*, il raccourcit les bras, lance les jambes vers la barre, s'y accroche par le pli de la jambe droite, et laisse retomber la gauche naturellement.

Au commandement de *trois*, il pose à plat sur la barre l'avant-bras droit, puis l'avant-bras gauche, le coude et le genou droits rapprochés autant que possible, la tête élevée au-dessus de la barre.

Au commandement de *quatre*, il imprime à la jambe gauche un balancement d'avant en arrière qu'il répète une ou deux fois, en augmentant chaque fois son impulsion, le corps obéissant au mouvement de la jambe; au dernier balancement, il fait effort sur la barre avec les bras, penche la tête en avant, redresse le corps, les bras tendus, et se place face à gauche, la cuisse droite sur la barre et supportant tout le poids du corps.

Pour descendre, le professeur commande :

1. *Attention pour descendre en arrière.*
2. UN.
3. DEUX.
4. A TERRE.

Au commandement de *un*, l'élève passe la jambe droite tendue par-dessus la barre, et réunit les pieds.

Au commandement de *deux*, il descend en arrière en développant les bras lentement.

Au commandement de *à terre*, il tombe d'après les principes prescrits pour le saut en profondeur simple.

Le rétablissement par la jambe gauche s'exécute d'après les mêmes principes et par les moyens inverses.

Le rétablissement sur la jambe droite ou gauche s'exécute aussi en plaçant la jambe entre les bras ; les principes sont les mêmes.

5e EXERCICE. — **S'établir au-dessus de la barre par un renversement du corps et s'y placer en équilibre sur les poignets.**

Le professeur commande:

1. *Rétablissement par renversement.*
2. UN.
3. DEUX.
4. TROIS.

Au commandement de *un*, l'élève se suspend aux barres, face en avant, les jambes réunies.

Au commandement de *deux*, il raccourcit les bras pour élever la tête le plus possible au-dessus de la barre; rejette la tête en arrière en donnant aux jambes une vive impulsion en avant, de manière à leur faire décrire un arc de cercle, le corps rasant la barre jusqu'à ce que le ventre vienne s'y appuyer.

Au commandement de *trois*, il redresse le corps, en allongeant les bras de toute leur longueur, et reste en équilibre sur les poignets, le corps touchant la barre et dans une position presque verticale.

Pour descendre en arrière, le professeur commande :

1. *Attention pour descendre en arrière.*
2. UN.
3. A TERRE.

L'élève descend d'après les principes prescrits.

Cet exercice s'exécute aussi en saisissant la barre, la paume des mains tournée vers le corps.

6e EXERCICE. — **S'établir sur la barre par un effort des avant-bras.**

Le professeur commande :

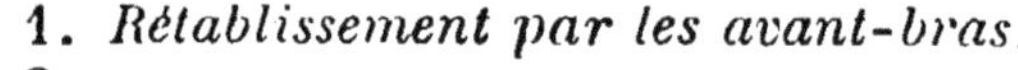

1. *Rétablissement par les avant-bras.*
2. UN.
3. DEUX.
4. TROIS.

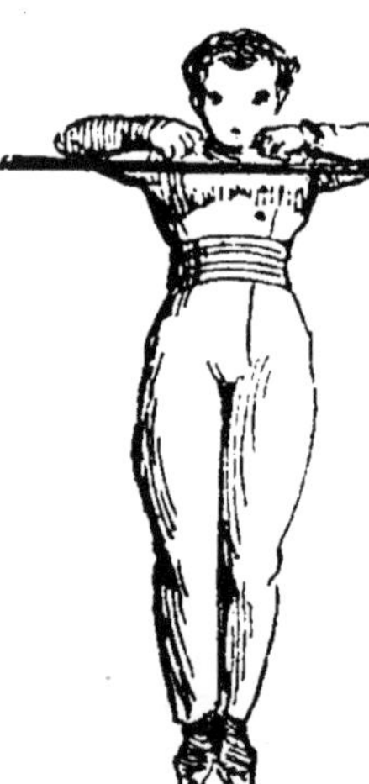

Au commandement de *un*, l'élève se suspend à la barre, par les deux mains.

Au commandement de *deux*, il fait effort des poignets pour soulever le corps, et place l'avant-bras droit sur la barre, le coude un peu en arrière, la main vis-à-vis le milieu du corps ; il place ensuite l'avant-bras gauche de la même manière.

Au commandement de *trois*, il porte la tête en avant; soulève le corps par un effort des bras, secondé par une flexion simultanée des jambes; écarte les mains en ramenant les coudes au corps par un mouvement de rotation sur les avant-bras; se place en équilibre sur les barres, en s'y appuyant sur le ventre et les avant-bras.

Cet exercice s'exécute aussi en plaçant les avant-bras simultanément sur la barre.

Pour descendre en arrière, le professeur commande :

1. *Attention pour descendre en arrière.*
2. UN.
3. DEUX.
4. A TERRE.

Au commandement de *un*, l'élève saisit la barre des deux mains.

Au commandement de *deux*, il descend le corps en développant les bras.

Au commandement de *à terre*, il tombe d'après les principes prescrits.

7° EXERCICE. — **S'établir sur la barre par un effort des poignets.**

Le professeur commande :

1. *Rétablissement alternatif par les poignets.*
2. UN.
3. DEUX.
4. TROIS.
5. QUATRE.

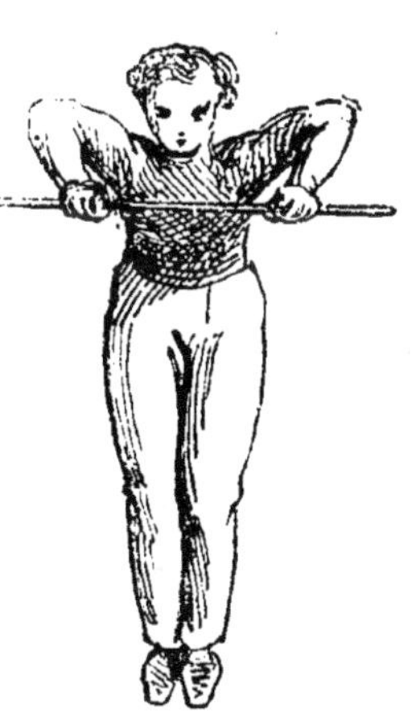

Au commandement de *un*, l'élève se suspend comme à l'exercice précédent.

Au commandement de *deux*, il fait effort sur les poignets pour soulever le corps; place l'avant-bras droit verticalement au-dessus de la barre, sans la lâcher, le coude élevé.

Au commandement de *trois*, il élève, de la même manière, l'avant-bras gauche en portant tout le poids du corps sur le bras droit.

Au commandement de *quatre*, il achève de soulever le corps en allongeant les bras et se maintient en équilibre sur les poignets.

Cet exercice s'exécute aussi par les deux poignets simultanément.

Lorsque les élèves sont bien exercés, ils exécutent ces divers rétablissements sans s'arrêter sur les mouvements.

ÉCHELLE DE BOIS

(DEUXIÈME SÉRIE)

MONTER ET DESCENDRE PAR DERRIÈRE.

1er Exercice. — **Monter à l'aide des mains et des pieds, et descendre de la même manière.**

L'élève, étant derrière l'échelle et lui faisant face, saisit, les pouces en dessous, l'échelon le plus élevé qu'il peut atteindre, place l'un des pieds sur un échelon et monte en faisant agir simultanément les extrémités droites et les extrémités gauches.

Il monte aussi en faisant agir le bras droit et la jambe gauche, puis le bras gauche et la jambe droite.

Cet exercice s'exécute aussi en saisissant les montants avec les mains.

2e Exercice. — **Monter à l'aide des mains seulement, placées l'une après l'autre sur le même échelon, et descendre de la même manière.**

L'élève, étant derrière l'échelle et lui faisant face, saisit, les pouces en dessous, l'échelon le plus élevé qu'il peut atteindre, fait effort des bras pour élever le corps, porte la main droite à l'échelon supérieur, le bras gauche restant raccourci, le coude près du corps; détache ensuite la main gauche, la porte sur l'échelon déjà occupé par la main droite et continue de monter ainsi d'échelon en échelon, en conservant le corps droit, les jambes réunies et la pointe des pieds baissée.

L'élève descend par les mêmes moyens et d'après les mêmes principes.

3e Exercice. — **Monter, en plaçant les mains l'une après l'autre sur un échelon différent, et descendre de la même manière.**

Cet exercice s'exécute comme le précédent, avec cette différence que l'élève place les mains l'une après l'autre sur un échelon différent.

Lorsque les élèves sont bien exercés, ils peuvent franchir un échelon à chaque mouvement.

4e Exercice. — **Monter en saisissant un échelon d'une main et un montant de l'autre, et descendre de même.**

L'élève, étant placé derrière l'échelle et lui faisant face, saisit avec la main gauche le montant qui est à sa gauche, et avec la main droite l'échelon qui est au-dessus de la main gauche; il monte en portant tour à tour la main gauche plus haut sur le montant et la main droite sur l'échelon suivant, en maintenant le corps droit, les jambes réunies.

Il monte par le montant droit d'après les mêmes principes.

L'élève descend par les mêmes moyens et d'après les mêmes principes.

5e Exercice. — **Monter par un seul montant et descendre de même.**

L'élève, étant placé derrière l'échelle et lui faisant face, saisit fortement un des montants avec les mains et s'élève en portant alternativement une main au-dessus de l'autre.

Il descend par les mêmes moyens et d'après les mêmes principes.

6e Exercice. — Monter par les deux montants et descendre de même.

L'élève, étant placé derrière l'échelle, saisit les deux montants et fait effort des poignets en élevant alternativement les mains le long des montants, le corps droit, les jambes pendant naturellement.

Il descend par les mêmes moyens et d'après les mêmes principes.

7e Exercice. — Monter par les deux montants, par saccades, et descendre de même.

Cet exercice s'exécute comme le précédent, mais en lâchant les montants des deux mains à la fois, pour les ressaisir plus haut.

On descend d'après les mêmes principes.

CORDES LISSES VERTICALES

(DEUXIÈME SÉRIE.)

1er Exercice. — Monter à une corde lisse à l'aide des mains seulement et descendre de même.

L'élève saisit la corde, le plus haut possible, fait effort des bras et s'élève en portant alternativement une main au-dessus de l'autre, les jambes un peu raccourcies, la corde entre les cuisses.

Il descend d'après les mêmes principes.

2e Exercice. — Monter à deux cordes lisses à l'aide des mains seulement et descendre de même.

L'élève saisit une corde de chaque main, fait effort

des bras et s'élève d'après les principes indiqués ci-dessus.

Il descend de même.

Cet exercice s'exécute aussi par saccades.

PERCHES OSCILLANTES

(DEUXIÈME SÉRIE.)

1er EXERCICE. — **Monter à une perche à l'aide des mains seulement et descendre de même.**

L'élève porte alternativement les mains l'une au-dessus de l'autre, en faisant effort des bras, les jambes légèrement fléchies de chaque côté de la perche.

Il descend d'après les mêmes principes.

2e EXERCICE. — **Monter à deux perches à l'aide des mains seulement et descendre.**

L'élève se place entre les deux perches, les saisit des deux mains, élève le corps en faisant effort des poignets, porte la main droite le plus haut possible, le bras gauche soutenant le poids du corps, exécute le même mouvement avec le bras gauche et continue ainsi.

3e EXERCICE. — **Monter à deux perches par saccades et descendre de même.**

Cet exercice s'exécute comme le précédent, avec cette différence que l'élève lâche les perches des deux mains à la fois et les ressaisit vivement plus haut.

Il descend par les moyens inverses.

ANNEAUX OU POIGNÉES

(DEUXIÈME SÉRIE.)

1er EXERCICE.

Saisir les anneaux; s'enlever à la force des bras; faire

passer la jambe gauche p dessus la main gauche ; résist du bras droit ; quitter l'anne de la main gauche ; le ressai après avoir laissé tomber jambe en dehors, sans que pieds touchent à terre.

Exécuter le même mouv ment avec la main droite et jambe droite.

2e EXERCICE.

Saisir les anneaux ; s'étab sur les poignets alternativ ment, et descendre par un re versement en avant.

3e EXERCICE.

Saisir les anneaux, s'établir sur les poignets simult nément, et descendre par un renversement en avant

4e EXERCICE.

Saisir les anneaux ; se placer le corps verticalemen la tête en bas ; ensuite horizontalement, la face tournée vers la terre ; laisser tomber les jambes et revenir à la première position par un renversement en avant.

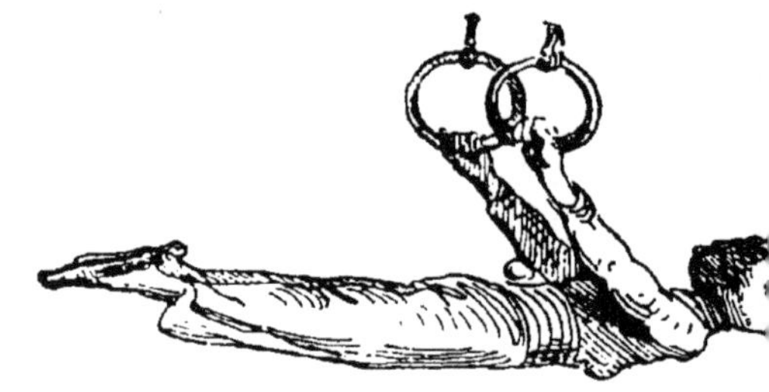

5e EXERCICE.

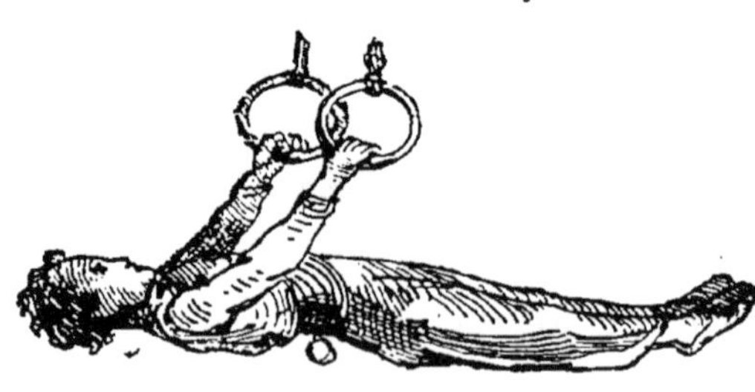

Saisir les anneau se renverser en ava en faisant tourn les épaules sur elle mêmes ; se placer corps verticalemen la tête en bas, ensui horizontalement.

dos tourné vers la terre, et reprendre la première position.

TRAPÈZE

(DEUXIÈME SÉRIE.)

1er EXERCICE. — **S'établir sur la base du trapèze, s'y asseoir et descendre par saccades.**

4

L'élève s'établit sur le ventre, saisit de la main droite, le plus haut possible, le montant qui est à sa droite, élève le corps en faisant effort du poignet droit et en se grandissant sur le bras gauche, fléchit les jambes, les passe par dessus la base, sans la toucher, s'assied et place les mains aux montants à la hauteur des épaules.

Pour descendre, l'élève porte simultanément les mains à la base, près des cuisses, se déploie en arrière, relève le corps en faisant effort des poignets, croise les jambes pour les passer entre les bras, les déploie en avant, remonte sur la base, et descend en arrière.

2e EXERCICE. — **Monter par les montants du trapèze et descendre.**

L'élève saisit les montants et s'élève jusqu'à ce que les pieds soient à hauteur de la base, fait la culbute en arrière, replace les pieds sur la base et détache succes-

sivement les mains pour ressaisir les montants, les doigts en avant, les pouces en l'air, à hauteur des hanches, fait la culbute en avant, s'assied sur la base qu'il saisit des deux mains près des cuisses.

Il porte ensuite le haut du corps en arrière, en faisant glisser les cuisses sur la base jusqu'aux jarrets, se développe, les jambes tombant verticalement, la pointe des pieds basse; relève le corps en faisant effort des poignets, croise les jambes, les passe sous la base entre les bras, les déploie en avant, se rétablit sur le ventre, et descend lentement.

3e EXERCICE. — **S'établir sur la base du trapèze et se tenir dessus, puis au-dessous, dans une position horizontale.**

L'élève s'assied sur le trapèze, saisit les montants av

dessus des épissures, se laisse glisser doucement en avant jusqu'à la chute des reins, renverse le corps, le roidit et se maintient horizontalement, le dos vers la

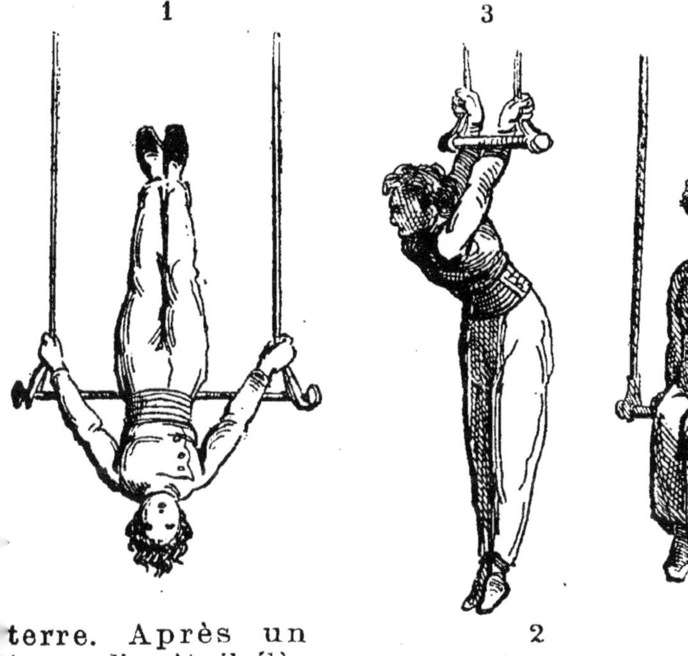

terre. Après un temps d'arrêt, il élève les jambes, les passe entre les montants et continue le mouvement jusqu'à ce qu'il se trouve horizontalement au-dessous de la base, la face vers la terre. Cette position étant bien marquée, il abaisse les jambes, les relève ensuite, les fait repasser entre les montants pour se rasseoir, porte les mains à la base, près des cuisses, fait la culbute en arrière, laisse tomber les jambes, les relève pour les passer croisées sous la base, les déploie en avant et se rétablit sur le trapèze, puis descend par l'un des moyens indiqués.

EXERCICE DE LA NATATION A SEC AU MOYEN D'UN CHEVALET.

Nager sur le ventre.

L'élève étant couché à plat ventre sur le chevalet, le professeur commande:

1. *Mouvements de natation.*
2. EN POSITION.
3. UN.
4. DEUX.
5. TROIS.

Au commandement de *en position*, rapprocher les talons des fesses, les genoux écartés autant que possible, les talons se touchant, la pointe des pieds ouverte; porter les coudes au corps, rapprocher les paumes des mains l'une de l'autre, les doigts allongés, joints et dirigés en avant, la tête relevée.

Au commandement de *un*, allonger vivement et simultanément les bras et les jambes, celles-ci écartées.

Au commandement de *deux*, rapprocher les genoux l'un de l'autre, les jambes tendues; séparer les mains à environ seize centimètres, les paumes en dessous, le côté extérieur de la main un peu relevé.

Au commandement de *trois*, décrire lentement un cercle de chaque main, les bras tendus, rapprocher les coudes du corps et les talons des fesses, en revenant à la première position, et continuer ainsi, en comptant tous les mouvements.

Quand les élèves connaîtront bien les mouvements de la natation à sec, on leur fera exécuter dans l'eau ce qu'ils ont appris sur le chevalet.

Afin que les élèves se familiarisent promptement avec l'eau, le professeur s'efforcera de leur donner de l'assurance et de la hardiesse, tout en veillant à leur sécurité

PREMIÈRE POSITION.

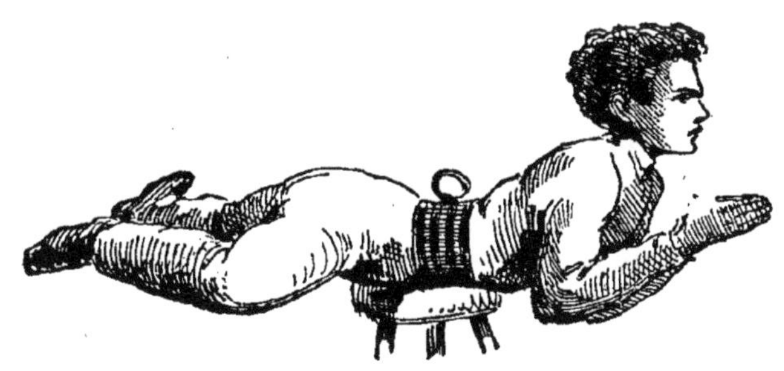

DEUXIÈME POSITION.

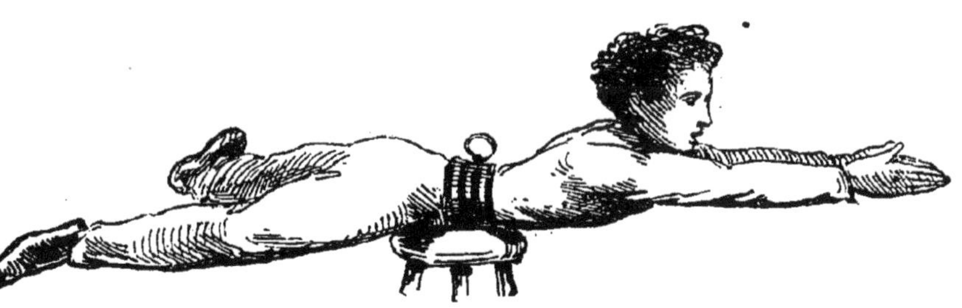

TROISIÈME POSITION.

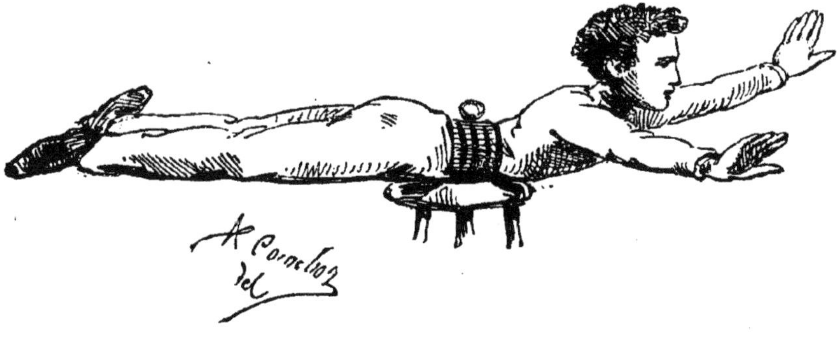

ÉCOLE DE PELOTON

Composition d'un peloton.

1. Un peloton est partagé en deux parties égales, qui sont désignées par le nom de section. Celle de droite est appelée première section ; celle de gauche seconde section. Chaque section est divisée en deux demi-sections.

2. Six élèves, des mieux exercés, y sont attachés pour remplir les fonctions suivantes, et sont placés ainsi qu'il suit :

Un chef de peloton à la droite du peloton, au premier rang.

Un chef de section, en serre-file, a deux pas derrière le centre de la seconde section.

Un guide de droite derrière le chef de peloton.

Un guide de gauche, à la gauche du peloton en serre-file.

Deux chefs de demi-section, en serre-file, chacun derrière sa demi-section respective.

3. Le professeur fait numéroter les files de la droite à la gauche, de manière que chaque élève connaisse son numéro dans son rang.

4. Il fait aussi marquer les sections et les demi-sections en observant que la première section soit composée d'un nombre pair de files.

Ouvrir les rangs.

5. Le peloton étant formé sur deux rangs et aligné, ainsi que les serre-file, lorsque le professeur veut faire ouvrir les rangs, il fait placer le serre-file le plus près de la gauche, à la gauche du premier rang ; cela étant exécuté, il commande :

1. *Garde à vous.*
2. *Peloton.*
3. EN ARRIÈRE, OUVREZ VOS RANGS.

6. Au troisième commandement, le guide de droite et le guide de gauche se portent en arrière, à quatre pas du premier rang pour tracer l'alignement où devra se placer le second rang. Ils jugent cette distance à l'œil, sans compter les pas.

7. Le professeur, se portant en même temps sur le flanc droit, vérifie si ces deux guides sont placés parallèlement au premier rang, et commande ensuite :

4. MARCHE.

8. A ce commandement, le premier rang ne bouge pas.

Les élèves du second rang marchent en arrière, dépassent un peu la ligne tracée sur l'alignement déterminé par les deux guides qui servent de base ; ils se conforment à ce qui a été prescrit page 4.

9. Le guide de droite aligne le second rang sur le guide qui ferme la gauche de ce rang.

10. Les serre-file marchent en arrière en même temps que le second rang, et se placent à deux pas de ce rang, lorsqu'il est aligné.

11. Le professeur, voyant le second rang aligné, commande :

1. FIXE.

12. A ce commandement, le guide placé à la gauche du second rang reprend sa place en serre-file.

Serrer les rangs.

13. Le professeur voulant faire serrer les rangs commande :

1. *Serrez vos rangs.*
2. MARCHE.

14. Au commandement de *marche*, le second rang serre au pas accéléré, chaque élève se dirigeant sur son chef de file. Les serre-file serrent à leur distance, en même temps que le second rang.

Marche en bataille en avant.

15. Le peloton étant correctement aligné, le professeur s'assure que le chef de peloton et le guide de droite ont les épaules parfaitement dans la direction de leurs rangs respectifs, et qu'ils sont correctement placés l'un derrière l'autre; il se porte ensuite à quelques pas en avant d'eux, fait face en arrière, et se place exactement sur leur prolongement.

16. Le professeur commande ensuite :

1. PELOTON EN AVANT.

17. A ce commandement, un des serre-file désigné d'avance se porte à six pas en avant du chef de peloton en partant de sa droite.

18. Le professeur aligne correctement cet élève sur le prolongement de la file de direction.

19. L'élève placé à six pas en avant du chef de peloton prend, dès que sa position est assurée, deux points à terre dans la ligne droite qui, partant de lui, irait passer entre les talons du professeur.

20. Ces dispositions étant prises, le professeur se retire et commande :

2. MARCHE.

21. A ce commandement, le peloton part vivement. L'élève chargé de la direction observe, avec la plus grande précision, la longueur et la cadence du pas, marche dans la direction des deux points qu'il a choisis entre lui et le professeur, prend à mesure qu'il avance et toujours avant d'arriver au point le plus près de lui, de nouveaux points en avant, dans le prolongement des deux premiers et à quinze ou vingt pas l'un de l'autre.

22. Le chef de peloton marche constamment dans les traces de l'élève chargé de la direction et se maintient toujours à six pas de lui; les élèves ont la tête directe, sentent légèrement le coude de leurs voisins du côté de la file de direction et se conforment aux principes prescrits pour la marche de front.

23. L'élève placé à côté du chef de peloton fait attention spécialement à ne jamais le dépasser; à cet effet, il tient toujours la ligne de ses épaules un peu en arrière, mais dans la direction du chef de peloton.

24. Les serre-file marchent à deux pas en arrière du second rang.

25. Si les élèves perdent le pas, le professeur commande :

AU PAS.

26. A ce commandement, les élèves jettent un coup d'œil sur l'élève chargé de la direction, reprennent le pas de cet élève et replacent la tête directe.

Arrêter le peloton et l'aligner.

27. Le professeur voulant arrêter le peloton, commande :

1. *Peloton*
2. HALTE.

28. Au commandement de *halte*, le peloton s'arrête; l'élève chargé de la direction reste devant le peloton, à moins que le professeur ne voulant plus faire marcher en avant, ne lui commande de reprendre sa place.

29. Le peloton étant arrêté, le professeur peut faire avancer les quatre premières files du côté de la direction et aligner le peloton sur cette base, ou bien il peut se borner à faire rectifier l'alignement; dans ce dernier cas, il commande :

Chef de peloton, rectifiez l'alignement.

30. Le chef de peloton porte aussitôt les yeux sur le rang et rectifie l'alignement en se conformant aux principes prescrits.

Marche oblique.

31. Le peloton étant en marche directe, lorsque le professeur veut le faire marcher obliquement, il commande :

1. *Oblique à droite* (ou à gauche).
2. MARCHE.

32. Au commandement de *marche*, le peloton prend la marche oblique en faisant un demi-à-droite (ou un demi-à-gauche). Les élèves observent exactement les principes prescrits n° 11 de la page 70.

33. Lorsque le professeur veut faire reprendre la marche directe, il commande :

1. *En avant.*
2. MARCHE.

34. Au commandement de *marche*, le peloton reprend la marche directe. Le professeur se porte à vingt pas en avant du chef de peloton, fait face en arrière, se place correctement sur le prolongement du chef de peloton et du guide de droite, et y place par un signe l'élève chargé de la direction, s'il n'est pas sur cette ligne. Cet élève prend aussitôt deux points à terre entre lui et le professeur.

Marche par le second rang.

35. Le peloton étant arrêté et aligné, lorsque le professeur veut le faire marcher par le second rang, il commande :

1. *Peloton.*
2. DEMI-TOUR — A DROITE.

36. Le peloton ayant fait demi-tour à droite, le professeur se porte vivement en avant de la file de direction, en se conformant à ce qui est prescrit nº 15 de la page 124 et commande ensuite :

3. PELOTON EN AVANT.

37. A ce commandement, l'élève chargé de la direction se conforme à ce qui est prescrit nºs 17, 18 et 19 de la page 124, avec cette différence qu'il se place à six pas en avant des serre-file.

38. Le guide de droite se porte sur l'alignement des serre-file, en avant de son créneau, et le chef de peloton le remplace au second rang devenu premier.

39. Cette disposition étant prise, le professeur commande :

4. MARCHE.

40. A ce commandement, l'élève chargé de la direction, le chef de peloton et les élèves se conforment à ce qui est prescrit nº 21 et suivants de la page 124.

41. Le professeur fait exécuter, en marchant par le second rang, tout ce qui est prescrit pour la marche en bataille en avant; les commandements et les moyens d'exécution sont les mêmes.

42. Le professeur ayant arrêté le peloton, lorsqu'il veut le remettre face en tête, fait les commandements prescrits n° 35; le chef de peloton, le guide de droite et l'élève chargé de la direction reprennent leurs places, dès qu'ils ont fait demi-tour à droite.

43. Si le peloton est en marche par le premier rang et que le professeur veuille le faire marcher par le second rang sans l'arrêter, il se porte d'avance à quinze ou vingt pas derrière la file de direction, s'arrête et commande :

1. *Peloton, demi-tour à droite.*
2. MARCHE.

44. Au second commandement, le peloton fait vivement face en arrière, et il continue la marche par le second rang.

45. L'élève chargé de la direction fait face en arrière en même temps que le peloton, et il se porte rapidement à six pas en avant des serre-file, sur le prolongement de la file de direction.

46. Le professeur l'assure sur la direction par les moyens indiqués n° 34 de la page 126.

47. Lorsque le professeur veut faire marcher le peloton en avant, il fait les mêmes commandements et assure la direction par les mêmes moyens.

48. Le peloton marchant par le second rang, si le professeur veut le remettre face en tête et l'arrêter en même temps, il commande :

1. *Peloton, demi-tour à droite.*
2. HALTE.

49. Au second commandement, qui est fait à l'instant où le pied gauche est près de poser à terre, les élèves font demi-tour en tournant sur ce pied et rapportent le pied droit sur l'alignement du gauche.

50. Le chef de peloton, le guide de droite et l'élève chargé de la direction reprennent leurs places dès que le peloton a fait demi-tour à droite.

Marche par le flanc.

51. Le peloton étant de front et de pied ferme, lorsque le professeur veut le faire marcher par le flanc droit, il commande :

1. *Peloton, par le flanc droit.*
2. A DROITE.
3. *Peloton en avant.*
4. MARCHE.

52. Au deuxième commandement, le peloton fait à-droite ; le guide de droite se porte devant l'élève de droite du premier rang ; le chef de peloton se place à un pas en dehors du premier rang, de manière à se trouver à côté et à la gauche du guide de droite. Le premier rang double comme il est prescrit ; le second rang déboîte un pas à droite et double de la même manière. Ainsi, le mouvement exécuté, les files se trouvent formées de quatre élèves alignés coude à coude.

53. Les serre-file appuient à droite, de manière à se trouver à deux pas en dehors des files doublées.

54. Au commandement de *marche*, le peloton part vivement, le guide de droite placé devant l'élève de droite du premier rang et le chef de peloton placé à côté de ce guide se dirigent droit en avant.

55. Les serre-file marchent à hauteur de leur place respective.

56. Le professeur fait marcher par le flanc gauche par les commandements prescrits pour faire marcher par le flanc droit en substituant l'indication de gauche à celle de droite.

Le second rang déboîte un peu à gauche.

57. A l'instant où le peloton fait à gauche, le guide de gauche se porte devant l'élève de gauche du premier rang ; le chef de peloton, se portant vivement à la gauche, se place à côté du guide et à sa droite ; le guide de droite se place au premier rang, à l instant où le chef de peloton se porte à la gauche.

Changements de direction par file.

58. Le peloton étant par le flanc et de pied ferme, lorsque le professeur veut le faire converser par file, il commande :

1. *Par file à gauche* (ou à droite).
2. MARCHE.

59. Au commandement de *marche,* la première file converse; si c'est du côté du premier rang, l'élève de cette file, qui est au premier rang, a soin de ne pas tourner tout à coup, mais de décrire un petit arc de cercle, en raccourcissant un peu les cinq ou six premiers pas pour donner au quatrième élève de cette file le temps de se conformer à son mouvement, en décrivant un petit arc de cercle, comme il vient d'être expliqué.

Arrêter le peloton marchant par le flanc et lui faire faire front.

60. Lorsque le professeur veut arrêter le peloton et lui faire faire front, il commande :

1. *Peloton.*
2. HALTE.
3. FRONT.

61. Le deuxième et le troisième commandement s'exécutent comme il est indiqué n°s 31 et 32 de la page 73.

62. Le second rang serre à sa distance; le chef de peloton et le guide de droite, ainsi que le guide de gauche, si le peloton est par le flanc gauche, reprennent leurs places à l'instant où le peloton fait front.

Le peloton étant en marche par le flanc, le former par peloton ou par section en ligne, et lui faire exécuter les à-droite et les à-gauche en marchant.

63. Le peloton étant en marche par le flanc droit, le professeur ordonne au chef de peloton de le faire former en ligne; le chef de peloton commande aussitôt:

1. *Par peloton en ligne.*
2. MARCHE.

64. Au commandement de *marche,* le guide de droite continue à marcher droit devant lui; les élèves avancent l'épaule droite, accélèrent le pas et se portent en ligne par le chemin le plus court, en observant de dédoubler les files et de n'y rentrer que l'un après l'autre, et sans courir.

65. A mesure que les élèves arrivent en ligne ils prennent le pas du guide de droite.

66. Les élèves du second rang se conforment au mouvement de leurs chefs de file, mais sans chercher à arriver en ligne en même temps qu'eux.

67. A l'instant où le mouvement commence, le chef de peloton fait face à son peloton, pour en surveiller l'exécution; dès que le peloton est formé, il commande: *guide à gauche,* se porte à deux pas devant le centre de son peloton, fait face en tête et prend le pas du peloton.

68. Au commandement de *guide à gauche*, du chef de peloton, le guide de gauche se porte sur le flanc gauche, au premier rang. Le guide de droite qui est à l'aile opposée y reste.

69. Lorsque le peloton marche par le flanc gauche, ce mouvement s'exécute par les mêmes commandements et d'après les mêmes principes. Le peloton étant formé, le chef de peloton commande: *guide à droite,* et se porte devant le centre du peloton. Le guide de droite, qui est à droite du premier rang, sert de guide et le guide de gauche, placé au flanc gauche, y reste.

70. Le peloton étant en marche par le flanc, si le professeur veut faire former les sections en ligne, il en donne l'ordre au chef de peloton qui commande:

1. *Par section en ligne.*
2. MARCHE.

71. Le mouvement s'exécute dans chaque section d'après les principes prescrits. Le chef de peloton se porte devant le centre de la première section; le chef de la seconde section se porte devant le centre de cette section en passant par l'ouverture qui se fait au centre du peloton si l'on marche par le flanc droit, et par la gauche de la section si l'on marche par le flanc gauche.

72. Dans ce dernier cas, le chef de peloton laisse filer la seconde section pour se placer ensuite devant le centre de la première. Les chefs de peloton ou de section commandent *guide à gauche* à l'instant où leurs subdivisions sont formées.

73. Au commandement de *guide à gauche,* ou de *guide à droite,* fait par le chef de chaque section, le guide de chacune d'elles se porte au flanc gauche ou au flanc droit, s'il n'y est déjà.

74. Le guide de droite du peloton sert toujours de guide de droite ou de guide de gauche à la première section, et le guide de gauche du peloton sert également de guide de droite et de guide de gauche à la seconde section.

75. Dans ces divers mouvements, les serre-file suivent la section à laquelle ils sont attachés.

76. Le professeur peut faire former le peloton ou les sections en ligne à son commandement.

Dans ce cas, il fait les commandements prescrits pour le chef de peloton, nº 63 de la page 129.

77. Le professeur peut exercer le peloton à passer, sans s'arrêter, de la marche de front à la marche de flanc, et réciproquement.

Dans l'un ou l'autre cas, il emploie les commandements prescrits nº 35 de la page 74.

78. Le peloton fait à droite ou à gauche en marchant, et le chef de peloton, les guides, les serre-file et les élèves se conforment à ce qui leur est prescrit pour la marche de flanc ou pour la marche de front.

79. Si après avoir fait à droite ou à gauche en marchant, le peloton se trouve par le second rang, le chef de peloton se place à deux pas derrière le centre du premier rang, les guides passent au second rang et les serre-file marchent devant ce rang.

Rompre en colonne par section, ou par peloton, de pied ferme et pour continuer à marcher.

80. Le professeur voulant faire rompre par section, de pied ferme, commande :

1. *Par section à droite.*
2. MARCHE.

81. Au premier commandement, les chefs de section

se portent à deux pas devant le centre de leurs sections, celui de la seconde section passant à cet effet par le flanc gauche du peloton.

82. Ils avertissent leurs sections de ce qu'elles ont à faire, et se placent à deux pas devant le premier rang, sans chercher à s'aligner l'un sur l'autre. Le guide de droite prend la place du chef de peloton au premier rang.

83. Au commandement de *marche*, l'élève de droite du premier rang de chaque section fait à droite, le guide de droite ne bouge pas; le chef de chaque section se porte vivement par la ligne la plus courte au point où doit appuyer l'aile marchante, fait face en arrière, et se place de manière que la ligne qu'il forme avec l'élève de droite du premier rang soit perpendiculaire à celle qu'occupait le peloton de front; les sections conversent par les principes des conversions à pivot fixe, et lorsque l'élève qui conduit l'aile marchante est près d'arriver sur la perpendiculaire, le chef de chaque section commande :

1. *Section.*
2. HALTE.

84. Au commandement de *halte*, qui est fait à l'instant où l'élève qui conduit l'aile marchante est arrivé à trois pas de la perpendiculaire, la section s'arrête. Le guide de droite se porte au point où doit appuyer la gauche de la première section, passant, à cet effet, par devant le premier rang; le guide de gauche se porte au point ou doit appuyer la gauche de la seconde section.

Ils observent, l'un et l'autre, de laisser entre eux et l'élève de droite de leur section l'espace nécessaire pour contenir le front de la section.

85. Le guide de chaque section étant ainsi établi, les chefs de section se placent à deux pas en dehors de leurs guides et commandent :

3. *A gauche*, — ALIGNEMENT.

86. L'alignement étant achevé, chaque chef de section commande *fixe* et se porte à deux pas devant le centre de sa section.

87. Les serre-file se conforment au mouvement de

leurs sections respectives, et se placent à deux pas derrière le second rang.

88. On rompt à gauche d'après les mêmes principes; le professeur commande :

1. *Par section à gauche.*
2. MARCHE.

89. Le premier commandement s'exécute de la même manière que pour rompre par section à droite.

90. Au commandement de *marche*, l'élève de gauche du premier rang de chaque section fait à gauche, et les sections conversent à gauche d'après les principes de conversion à pivot fixe. Les chefs de section se conforment à ce qui est prescrit ci-dessus, n°s 83 et 84.

91. Au commandement de *halte* du chef de chaque section, le guide de droite placé à la droite du premier rang de la première section et le guide de gauche placé derrière la seconde section se portent au point où doit appuyer la droite de chacune de ces sections. Les chefs de section les alignent entre eux et l'élève de gauche du premier rang de leurs sections respectives, et commandent :

3. *A droite,* — ALIGNEMENT.

92. Les sections étant alignées, chaque chef de section commande : *fixe*, et se porte devant le centre de sa section.

93. Le professeur voulant faire rompre par section à droite et porter la colonne en avant, tout de suite après la conversion, commande :

1. *Sections à droite.*
2. MARCHE.

94. Au premier commandement, les chefs de section se portent rapidement à deux pas devant le centre de leurs sections, en se conformant à ce qui est prescrit n° 81 et préviennent leurs sections qu'après avoir conversé elles doivent se porter en avant pour continuer à marcher.

Ils y restent pendant toute la durée du mouvement de conversion. Le guide de droite prend la place du chef de peloton au premier rang.

95. Au commandement de *marche*, les sections conversent à droite; l'élève qui est au pivot ne fait pas à droite; il marque le pas, en se conformant au mouvement de l'aile marchante; lorsque l'élève qui conduit cette aile est près d'arriver sur la perpendiculaire, le professeur commande :

3. *En avant.*
4. MARCHE.
5. GUIDE A GAUCHE.

96. Au quatrième commandement, qui est fait à l'instant où la conversion est achevée, les sections se portent en avant; le guide de droite et le guide de gauche se portent rapidement à la gauche de leurs sections, le premier en passant devant le premier rang. Le guide de la tête prend aussitôt des points à terre dans la direction que lui indique le professeur.

97. Au cinquième commandement, les élèves prennent le tact des coudes à gauche.

98. On fait rompre à gauche d'après les mêmes principes et les moyens inverses; le professeur fait les commandements prescrits ci-dessus nos 93 et 95, en substituant l'indication de gauche à celle de droite.

99. Le professeur peut faire rompre quelquefois par peloton à droite; à cet effet, il commande :

1. *Par peloton à droite.*
2. MARCHE.

100. Au premier commandement, le chef de peloton se porte devant le centre de son peloton et le prévient qu'il doit converser à droite; le guide de droite se porte à la place du chef de peloton, au premier rang.

101. Au commandement de *marche*, le peloton rompt à droite d'après les principes prescrits nos 81 et suivants.

102. Le chef de peloton se conforme à ce qui est indiqué pour les chefs de section.

103. Le guide de gauche se place à la gauche du premier rang pour conduire l'aile marchante, et, lorsqu'il est près d'arriver sur la perpendiculaire, le chef de peloton commande :

1. *Peloton.*
2. HALTE.

104. Au commandement de *halte* qui est fait à l'instant où le guide de gauche arrive à trois pas de la perpendiculaire, le peloton s'arrête, le guide se porte à la hauteur du chef de peloton, qui l'établit sur l'alignement de l'élève qui a fait à droite; le guide de droite se place en même temps à la droite de cet élève; cela une fois exécuté, le chef de peloton aligne le peloton à gauche, commande *fixe* et se porte devant le centre.

105. On rompt par peloton à gauche d'après les mêmes principes et les moyens inverses.

106. Le guide de droite conduit l'aile marchante, et le guide de gauche se porte à la gauche du peloton, au moment où le peloton s'arrête.

107. Si le professeur veut rompre par peloton à droite (ou à gauche) pour porter la colonne en avant, tout de suite après la conversion, il commande :

1. *Peloton à droite* (ou à gauche).
2. MARCHE.

108. Le mouvement s'exécute d'après les principes prescrits nos 94 et suivants.

Marche en colonne.

109. Le peloton étant rompu par section, la droite en tête, lorsque le professeur veut faire marcher la colonne, il se porte à vingt-cinq ou trente pas en avant de la tête, fait face aux guides, se place correctement sur leur direction, et avertit celui de la tête de prendre des points à terre.

110. Le professeur étant ainsi placé, le guide de la première section prend deux points à terre sur la ligne droite qui, partant de lui, irait passer entre les talons du professeur.

111. Ces dispositions étant prises, le professeur se retire et commande :

1. *Colonne en avant.*
2. *Guide à gauche.*
3. MARCHE.

112. Au commandement de *marche*, qui est vivement répété par les chefs de section, les chefs de section et les guides enlèvent par un pas décidé la marche de leurs sections.

113. Les élèves sentent légèrement les coudes de leurs voisins du côté du guide, et se conforment, en marchant, aux principes prescrits pour la marche de front.

114. L'élève de chaque section placé à côté du guide observe de ne jamais le déborder et se tient toujours à seize centimètres de lui pour éviter de le pousser hors de la direction.

115. Si le peloton a rompu pa. section à gauche, le professeur, pour mettre la colonne en marche, commande :

1. *Colonne en avant.*
2. *Guide à droite.*
3. MARCHE.

116. Toutes les fois qu'on est rompu en colonne, les chefs de subdivision répètent les commandements de *marche* et de *halte* du professeur, à l'instant même où ils leur parviennent, et sans se régler l'un sur l'autre ; ils ne répètent aucun autre commandement, et avertissent seulement leurs subdivisions du mouvement qu'elles doivent exécuter.

Changements de direction.

117. Les changements de direction d'une colonne en marche s'exécutent toujours par les principes de conversion à pivot mouvant.

118. La colonne étant en marche, la droite en tête, si le professeur veut la faire changer de direction à droite, il en donne l'ordre au chef de la première section, et se porte aussitôt, ou envoie un jalonneur au point où le le mouvement doit commencer ; le professeur, ou le jalonneur s'y place sur la direction des guides, de manière à présenter la poitrine au flanc de la colonne.

119. Le guide de la tête se dirige sur le professeur ou sur le jalonneur, placé au point où l'on doit changer de direction, de manière que son bras gauche rase la poitrine de ce jalonneur, et, lorsqu'il est près d'arriver à sa hauteur, le chef de section commande :

1. *A droite conversion.*
2. MARCHE.

120. Le premier commandement est fait lorsque la section est à quatre pas du jalonneur.

Au commandement de *marche*, qui est prononcé à l'instant où le guide arrive au point de conversion, la section converse à droite, d'après les principes prescrits.

121. La conversion étant achevée, le chef de section commande :

3. *En avant.*
4. MARCHE.

122. Ces commandements sont prononcés et exécutés comme il est prescrit nos 46 et 47 de la page 76.

123. Le guide de la première section prend des points à terre dans la nouvelle direction.

124. La seconde section continue à marcher de manière à raser la poitrine du professeur ou du jalonneur placé au point où l'on doit changer de direction ; arrivé à la hauteur de ce dernier, la seconde section converse à droite par les mêmes commandements et les mêmes moyens que la première section; elle reprend de même la marche directe.

125. La colonne étant en marche, la droite en tête, si le professeur veut la faire changer de direction à gauche, il commande :

GUIDE A DROITE.

126. A ce commandement, les deux guides se portent rapidement à la droite de leurs sections, en passant devant le front de leurs subdivisions ; les élèves prennent le tact des coudes à droite. Le professeur se conforme ensuite à ce qui est prescrit n° 118.

127. Le changement de direction s'exécute d'après les mêmes principes et par les moyens inverses.

128. Le changement de direction étant achevé, le professeur fait reprendre le guide à gauche.

129. Les changements de direction dans une colonne, la gauche en tête, s'exécutent par les mêmes principes.

130. Dans les changements de direction au pas accéléré ou au pas gymnastique, les sections conversent d'après les principes prescrits.

131. Si la colonne est par peloton, les changements de direction s'exécutent d'après les mêmes principes.

Arrêter la colonne.

132. La colonne étant en marche, lorsque le professeur veut l'arrêter, il commande :

1. *Colonne.*
2. HALTE.

133. Au commandement de *halte*, vivement répété par les chefs de section, la colonne s'arrête, les guides ne bougent plus.

Étant en colonne par section, se former à gauche ou à droite en bataille de pied ferme et en marchant.

134. Le professeur ayant arrêté la colonne supposée avoir la droite en tête, et voulant la former en bataille, se porte aussitôt à distance de section, en avant du guide de la tête, lui fait face et rectifie, s'il y a lieu, la position du guide suivant; cela étant exécuté, il commande :

A gauche, — ALIGNEMENT.

135. A ce commandement, qui n'est point répété par les chefs de section, chacun d'eux se porte vivement à deux pas en dehors de son guide et dirige l'alignement de sa section perpendiculairement à la direction de la colonne.

136. Les chefs de section ayant aligné leurs sections respectives commandent : *fixe*, et se portent devant le centre de leur section.

137. Cette disposition étant prise, le professeur commande :

1. *A gauche en bataille.*
2. MARCHE.

138. Au commandement de *marche*, vivement répété par les chefs de section, l'élève de gauche du premier rang de chaque section fait à gauche, appuie légèrement sa poitrine contre le bras droit du guide placé à côté de lui, lequel ne bouge pas; les sections conversent à gauche par les principes de conversion à pivot fixe; chaque chef de section se tourne face à sa section pour y veiller, et lorsque la droite de la section est près d'arriver sur la ligne de bataille, il commande :

1. *Section.*

2. HALTE.

139. Le commandement de *halte* est fait de manière à arrêter la section lorsque l'aile marchante arrive à trois pas de la ligne de bataille.

140. Le chef de la seconde section, ayant arrêté sa section, se porte en serre-file en passant par la gauche de sa subdivision.

141. Le chef de peloton ayant arrêté la première section, se porte promptement sur la ligne de bataille, au point où doit appuyer la droite du peloton, et commande :

A droite, — ALIGNEMENT.

142. A ce commandement, les deux sections se placent sur l'alignement ; l'élève de droite de la première, qui correspond au professeur établi sur la direction des guides, appuie légèrement sa poitrine contre le bras de ce dernier ; le chef de peloton dirige l'alignement sur l'élève de gauche du peloton.

143. Le peloton étant aligné, le chef de peloton commande :

FIXE.

144. Le professeur, voyant le peloton en bataille, commande :

Guides, — A VOS PLACES.

145. A ce commandement, le guide de droite se porte derrière le chef de peloton, et le guide de la seconde section se porte en serre-file.

146. La colonne ayant la gauche en tête lorsque le professeur veut la former à droite en bataille, il se place à distance de section, en avant, et fait face au guide de la tête, et rectifie, s'il le juge nécessaire, la position du guide suivant; cela étant exécuté, il commande :

1. *A droite en bataille.*

2. MARCHE.

147. Au commandement de *marche*, l'élève de droite du premier rang de chaque section fait à droite et appuie légèrement sa poitrine contre le bras gauche du guide placé à côté de lui, lequel ne bouge pas; chaque section converse à droite et est arrêtée par son chef lorsque l'aile marchante est près d'arriver sur la ligne de bataille; à cet effet, les chefs de section commandent :

1. *Section*.

2. HALTE.

148. Le commandement de *halte* est fait de manière à arrêter la section lorsque son guide arrive à trois pas de la ligne de bataille.

149. Le chef de la seconde section, ayant arrêté sa section, se porte en serre-file, comme il a été prescrit.

150. Le chef de peloton, ayant arrêté la première section, se porte promptement à la gauche du peloton, observant de s'y placer sur la ligne de bataille au point où doit appuyer l'élève de gauche, et commande :

A gauche, — ALIGNEMENT.

151. A ce commandement, les deux sections se placent sur l'alignement; l'élève de gauche de la seconde section, qui correspond au professeur, appuie légèrement sa poitrine contre son bras droit, et le chef de peloton dirige l'alignement sur l'élève de droite du peloton.

152. Le peloton étant aligné, le chef commande :

FIXE.

153. Le professeur commande ensuite :

Guides, — A VOS PLACES.

154. A ce commandement, le chef de peloton se porte à la droite de son peloton, le guide de droite derrière le chef de peloton au second rang, et le guide de la seconde section en serre-file.

155. Si la colonne est en marche, la droite en tête, et que le professeur veuille la former en bataille sans l'arrêter, il fait les commandements prescrits nº 137, et se porte rapidement à distance de section, en avant du guide de la tête.

156. Au commandement de *marche*, vivement répété par les chefs de section, les guides de gauche s'arrêtent court, le professeur, les chefs de section et les sections se conforment à ce qui est prescrit nºs 138 et suivants.

157. Si la colonne a la gauche en tête, cette formation se fait d'après les mêmes principes et par les moyens inverses.

158. On peut aussi former le peloton en bataille pour continuer à marcher, le professeur commande :

1. *Sections à droite* (ou à gauche).
2. MARCHE.

159. Au premier commandement, les chefs de section préviennent leurs sections qu'après avoir conversé, elles doivent se porter en avant.

160. Au second commandement, les guides s'arrêtent, l'élève qui est au pivot marque le pas, en se conformant au mouvement de l'aile marchante. Les sections conversent comme il est prescrit au nº 40 de la page 74, et lorsque la droite est près d'arriver sur la ligne de bataille, le professeur commande :

1. *En avant.*
2. MARCHE.
3. DIRECTION A DROITE (*ou à gauche*).

161. Au deuxième commandement, tout le peloton se met en marche ; les chefs de section et les guides reprennent vivement leurs places.

162. Au troisième commandement, l'élève chargé de la direction se place à six pas en avant du chef de peloton et est assuré sur la direction par le professeur. comme il a été prescrit.

163. Une colonne par peloton se forme à droite ou à gauche en bataille d'après les mêmes principes.

Rompre et former le peloton.

164. Le peloton étant en marche et supposé faire partie d'une colonne la droite en tête, lorsque le professeur veut le faire rompre par section, il en donne l'ordre au chef de peloton, qui commande :

1. ROMPEZ LE PELOTON.

165. Le chef de peloton se porte aussitôt devant le centre de la première section en la prévenant qu'elle doit marcher droit devant elle.

166. Au commandement de *rompez le peloton*, le chef

de la seconde section se porte devant le centre de sa section, en passant par la gauche, et commande : *marquez le pas.*

167. Le chef de peloton commande ensuite :

2. MARCHE.

168. La première section continue à marcher droit devant elle ; le guide de droite se porte au flanc gauche de cette section, en passant par devant le rang.

169. Au commandement de *marche*, du chef de peloton, la seconde section marque le pas, le chef de cette section commande aussitôt :

1. *Oblique à droite.*

2. MARCHE.

170. Le dernier commandement est fait de manière que la seconde section commence à obliquer dès qu'elle est dépassée par le rang des serre-file

171. Le guide de la seconde section étant près d'arriver dans la direction du guide de la première, le chef de la seconde section fait le commandement de : *en avant*, et celui de *marche*, à l'instant où le guide de la section couvre celui de la première.

172. Dans une colonne la gauche en tête, on rompt le peloton par les moyens inverses. en appliquant à la première section tout ce qui est prescrit pour la seconde et réciproquement.

173. Dans cette supposition, le guide de gauche du peloton se porte au flanc droit de la seconde section ; le guide de droite placé au flanc droit de la première section y reste.

174. La colonne étant en marche par section, la droite en tête, lorsque le professeur veut faire former le peloton, il en donne l'ordre au chef de peloton, qui commande :

1. FORMEZ LE PELOTON.

175. Après avoir fait ce commandement, le chef de peloton, commande aussitôt :

2. *Première section, oblique à droite.*

176. Le chef de la seconde section la prévient qu'elle doit marcher droit devant elle.

177. Le chef de peloton commande ensuite :

3. MARCHE.

178. A ce commandement, répété par le chef de la seconde section, la première oblique à droite pour démasquer la seconde, le guide de droite, placé au flanc gauche de cette section se porte au flanc droit en passant par devant le premier rang.

179. Lorsque la première section est près de démasquer la seconde, le chef de peloton commande :

1. *Marquez le pas..*

Et à l'instant où elle l'a démasquée, il commande :

2. MARCHE.

180. La première section cessant alors d'obliquer, marque le pas; pendant ce temps la seconde section continue à marcher droit devant elle, et lorsqu'elle est près d'arriver à hauteur de la première, le chef de peloton commande :

1. *En avant.*

Et à l'instant où les deux sections se réunissent, il commande :

2. MARCHE.

181. La première cesse alors de marquer le pas; le chef de la seconde section se porte en serre-file, en passant par la gauche du peloton.

182. Dans une colonne la gauche en tête, on forme le peloton par les moyens inverses, en appliquant à la seconde section ce qui est prescrit pour la première et réciproquement.

183. Le guide de la seconde section, placé au flanc droit de cette section, se porte au flanc gauche, dès qu'elle commence à obliquer; le guide de la première placé au flanc droit de cette section y reste.

184. Le professeur fait aussi quelquefois rompre et former le peloton à son commandement.

Il fait alors les commandements suivants :

1. *Rompez* ou (formez) *le peloton.*

2. MARCHE.

Etant en colonne par section, ou par peloton, se former sur la droite *(ou sur la gauche)* **en bataille.**

185. La colonne étant en marche par section, la

droite en tête, lorsque le professeur veut la former su la droite en bataille, il commande :

1. *Sur la droite en bataille.*

2. GUIDE A DROITE.

186. Au second commandement, le guide de chaqu section se porte rapidement sur le flanc droit de la sec tion, et les élèves prennent le tact des coudes à droite la colonne continue à marcher droit devant elle.

187. Le professeur ayant fait son second commande ment, se porte promptement au point où il veut ap puyer la droite du peloton formé en bataille, et s'y place au point de direction de gauche qu'il choisit.

188. La ligne de bataille doit être telle que le guid de chaque section, après avoir tourné à droite, ait a moins dix pas à faire pour y arriver.

189. La tête de colonne étant près d'arriver à hau teur du professeur placé au point d'appui, le chef de l première section commande :

1. *Tournez à droite.*

Et lorsqu'elle est vis-à-vis le professeur, il com mande :

2. MARCHE.

190. Au commandement de *marche*, la première sec tion tourne à droite en se conformant à ce qui est pres crit n° 76 de la page 51. Le guide se dirige de manière qu l'élève du premier rang placé à côté de lui arrive vis-à vis le professeur; le chef de peloton marche devant l centre de la première section, et lorsque le guide es près d'arriver sur la ligne de bataille, il commande :

1. *Section.*

2. HALTE.

191. Au commandement de halte, qui est fait au mo ment où la droite de la section arrive à trois pas de l ligne de bataille, la section s'arrête ; les files qui n sont pas encore en ligne s'y portent promptement. L guide va se placer sur la ligne de bataille, vis-à-vi l'une des trois files de gauche de sa section et fait fac au professeur, qui l'aligne sur le point de direction d gauche; le chef de peloton se porte en même temps a point où doit appuyer la droite du peloton, et aussit que toutes les files sont arrivées en ligne, il commande :

3. *A droite*, — ALIGNEMENT.

192. A ce commandement, la première section s'aligne ; l'élève du premier rang qui correspond au guide appuie légèrement sa poitrine contre le bras droit de ce guide, et le chef de la première section en dirige l'alignement sur cet élève.

193. La seconde section continue à marcher droit devant elle jusqu'à ce que le guide arrive à la hauteur de la file de gauche de la première; elle tourne alors à droite, au commandement de son chef, et se porte ensuite vers la ligne de bataille ; le guide se dirigeant sur la file de gauche de la première section.

194. Le guide étant arrivé à trois pas de la ligne de bataille, cette section est arrêtée comme il est prescrit pour la première ; à l'instant où elle s'arrête, le guide se porte promptement sur la ligne, à hauteur de l'une des trois files de gauche de sa section, et y est assuré par le professeur.

195. Le chef de la seconde section, voyant toutes les files entrées en ligne, et son guide établi sur la direction, commande :

A droite, — ALIGNEMENT.

196. Le chef de la seconde section ayant fait ce commandement va se placer en serre-file en passant par la gauche; la seconde section se porte sur l'alignement de la première et lorsqu'elle y est établie, le chef de peloton commande :

FIXE.

197. Le mouvement étant terminé, le professeur commande :

Guides, — A VOS PLACES.

198. A ce commandement, le guide de droite se porte derrière le chef de peloton, et le guide de la seconde section en serre-file.

199. Une colonne par section, la gauche en tête, se forme sur la gauche en bataille, d'après les mêmes principes; le professeur commande :

1. *Sur la gauche en bataille.*

2. GUIDE A GAUCHE.

200. Au second commandement, le guide de chaqu section se porte rapidement au flanc gauche de la se tion; les élèves prennent le tact des coudes à gauche la colonne continue a marcher droit devant elle.

201. Le professeur ayant fait son premier comma dement se porte promptement au point où il veut ap puyer la gauche du peloton en bataille, et s'y pla face au point de direction de droite qu'il choisit.

202. Le professeur observe de se placer de maniè que le guide de chaque section, après avoir tourné pou se porter sur la ligne de bataille, ait au moins dix pas faire pour arriver sur cette ligne.

203 La tête de la colonne étant près d'arriver vis-à-vis le professeur placé au point d'appui, le chef de sec tion commande :

1. *Tournez à gauche.*

Et, lorsqu'elle est arrivée vis-à-vis le professeur, commande :

2. MARCHE.

204. Au commandement de *marche*, la seconde sec tion tourne à gauche; le guide se dirige de manière qu l'élève du premier rang placé à côté de lui arrive vis-à vis le professeur; le chef de section marche devant centre de sa section, et lorsque le guide est près d'ar river sur la ligne de bataille, il commande :

1. *Section.*

2. HALTE.

Au commandement de *halte*, qui est fait à l'instant o la gauche de la section arrive à trois pas de la ligne d bataille, la section s'arrête et les files qui ne sont pa encore en ligne s'y portent promptement.

205. Le guide va se placer sur la ligne de bataille, vis à-vis l'une des trois files de droite de sa section, et fa face au professeur qui l'aligne sur le point de direction de droite; le chef de la seconde section se porte e même temps au point où doit s'appuyer la gauche d peloton, et aussitôt que toutes les files sont entrées e ligne, il commande :

3. *A gauche,* — ALIGNEMENT.

206. A ce commandement, la seconde section s'aligne; l'élève du premier rang qui correspond au guide appuie légèrement sa poitrine contre le bras gauche de ce guide, et le chef de la seconde section en dirige l'alignement sur cet élève.

La première section continue à marcher droit devant elle jusqu'à ce que le guide soit arrivé à hauteur de la file de droite de la seconde ; alors elle tourne à gauche, au commandement de son chef ; le guide se dirige sur la file de droite de la seconde section.

207. Le guide étant arrivé à trois pas de la ligne de bataille, cette section est arrêtée comme il est prescrit pour la seconde ; à l'instant où elle s'arrête, le guide se porte rapidement sur la ligne, à hauteur de l'une des trois files de droite de sa section, et y est assuré par le professeur ; le chef de peloton se porte en même temps à la gauche du peloton, à la place du chef de la seconde section, qui va se placer en serre-file.

208. Le chef de peloton s'étant placé à la gauche de son peloton, toutes les files étant entrées en ligne, il commande :

A gauche, — ALIGNEMENT.

209. A ce commandement, la première section se porte sur la ligne ; le chef de peloton en dirige l'alignement sur l'élève de droite qui correspond au guide de cette section ; il commande ensuite :

FIXE.

210. Le mouvement étant achevé, le professeur commande :

Guides, — A VOS PLACES.

211. A ce commandement, le chef de peloton se porte à la droite de son peloton, le guide de droite derrière lui, et le guide de la seconde section en serre-file.

Une colonne par peloton se forme sur la droite (ou sur la gauche) en bataille, d'après les mêmes principes.

LYCÉES ET COLLÉGES

PREMIÈRE PARTIE

POUR LES ÉLÈVES DE DOUZE ANS ET AU-DESSOUS

Cette partie comprend tous les exercices composant le programme des Écoles primaires.

DEUXIÈME PARTIE

POUR LES ÉLÈVES DE DOUZE A QUINZE ANS

(*Exécution de tous les exercices indiqués pour les Écoles primaires auxquels on ajoute les suivants*) :

POUTRE HORIZONTALE.

(Placée à un mètre vingt centimètres au-dessus du sol.)

(PREMIÈRE PARTIE).

1er EXERCICE. — **Passer à cheval en avant.**

L'élève monte sur la plate-forme, se met à cheval sur la poutre, place les mains à seize centimètres (environ) en avant, les pouces en dessus, les doigts en dehors, soulève le corps en s'appuyant sur les mains, les cuisses horizontalement placées, les jambes pendant naturellement, se porte en avant, et s'assied les cuisses touchant les poignets.

Il continue d'après les mêmes principes.

Cet exercice doit être rhythmé (compter *un* en s'enlevant sur les poignets ; *deux* en se remettant à cheval).

2ᵉ EXERCICE. — **Passer à cheval en arrière.**

L'elève se met à cheval sur la poutre, y place les mains près des cuisses les pouces en dessus, les doigts en dehors, lance ses jambes tendues en avant puis en arrière, et, se soulevant sur les poignets, il porte par une forte impulsion, le corps en arrière, à environ trente-trois centimètres des mains qu'il rapproche immédiatement des cuisses.

Il continue ainsi cet exercice qui doit être rhythmé comme le précédent.

3ᵉ EXERCICE. — **S'asseoir sur la poutre et se mouvoir de côté.**

Pour se mouvoir vers la gauche, l'élève s'assied sur la poutre, place la main droite près de la cuisse droite, les doigts en avant, porte la main gauche à environ seize centimètres à gauche, soulève le corps et le rapproche de la main gauche, s'assied de nouveau, replace la main droite près de la cuisse droite et continue ainsi.

Pour se mouvoir vers la droite, il emploie les moyens inverses.

Cet exercice doit être rhythmé (compter *un* en s'enlevant sur les poignets ; *deux* en s'asseyant).

4e Exercice. — **S'enlever sur les poignets, face à la poutre, et se mouvoir de côté.**

Pour se mouvoir à droite, l'élève se place, le ventre appuyé sur la poutre, les mains près des cuisses, les paumes en avant, et s'enlève sur les poignets, les jambes pendant naturellement, les pieds réunis. Ensuite il place la main droite à seize centimètres environ à droite, porte le corps contre cette main, en se maintenant sur les poignets, rapproche la main gauche de la cuisse et continue ainsi.

Pour se mouvoir vers la gauche, il emploie les moyens inverses.

Cet exercice doit être rhythmé (compter *un* en déplaçant la main droite; *deux* en rapprochant la main gauche du corps).

DIFFÉRENTES MANIÈRES DE DESCENDRE DE LA POUTRE.

1er Exercice. — **Étant à cheval, passer la jambe droite par-dessus la poutre et descendre.**

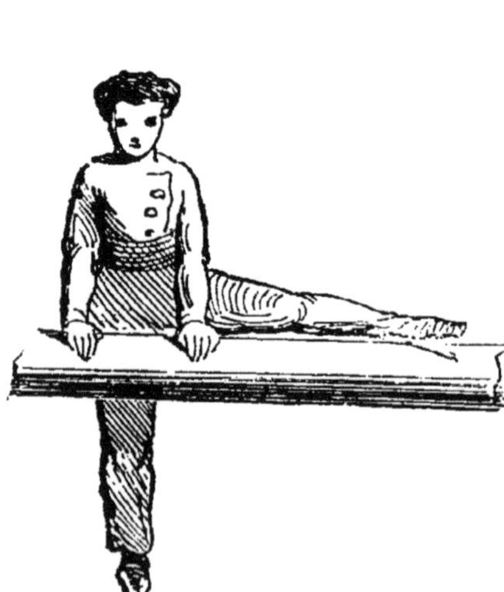

L'élève, étant à cheval et devant descendre à gauche, pose les mains sur la poutre, les doigts tournés à droite, et touchant la cuisse droite; les mains séparées entre elles par une distance d'environ huit centimètres; soulève le corps, passe la jambe droite par-dessus la poutre, le jarret tendu, fait face à droite, et descend à terre en se soutenant avec les mains.

Il descend à droite par les moyens inverses.

2e Exercice. — **Étant debout, sauter en avant.**

Se conformer à ce qui est prescrit au *saut en profondeur*.

3e Exercice. — **Étant assis, sauter en avant.**

L'élève, étant assis sur la poutre, y place les mains près des cuisses, les doigts en avant, et, par une impulsion des jambes et des bras, se lance à terre d'après les principes prescrits.

TROISIÈME PARTIE

POUR LES ÉLÈVES DE QUINZE ANS ET AU-DESSUS

Répétition des principaux exercices de la 1re et de la 2e partie, auxquels on ajoute les suivants :

LUTTE GÉNÉRALE DE TRACTION.

Le professeur place les élèves sur une file, et par rang de taille, la droite à hauteur d'une des extrémités de la corde qui est étendue sur le sol, à trois pas devant

eux; puis, les ayant fait numéroter, il porte les numéros impairs deux pas en avant, après quoi il fait faire *par le flanc gauche* au peloton des numéros pairs, qui se dirige parallèlement à la corde, passe par son extrémité et se porte de l'autre côté en faisant deux fois par *file à droite*.

Le dernier élève étant arrivé à hauteur de l'extrémité de la corde par où les files viennent de passer, le professeur arrête le peloton et lui fait faire, à droite, face à la corde. Il fait prendre ensuite la grande distance sur la droite dans chaque peloton, puis il commande :

1. SAISISSEZ LA CORDE.
2. *Lutte générale, les extrémités gauches en avant.*
3. EN POSITION.
4. LUTTEZ.
5. CESSEZ.

Au premier commandement, les élèves saisissent la corde des deux mains.

Au commandement de *en position*, ils font face à gauche et portent la jambe droite en arrière.

Au commandement de *luttez*, les élèves tirent avec énergie, simultanément et sans secousse ; chaque peloton s'efforçant d'entraîner l'autre, jusqu'au commandement de *cessez*.

A ce commandement, les élèves cessent de lutter et posent ensemble la corde à terre.

La lutte par les extrémités droites a lieu d'après les mêmes principes et par les moyens inverses : le professeur fait enjamber la corde aux deux pelotons et leur fait faire ensuite demi-tour, de manière qu'ils se retrouvent placés face à la corde.

SAUT EN PROFONDEUR EN ARRIÈRE, EN PRENANT UN POINT D'APPUI AVEC LES MAINS.

L'élève étant debout sur une plate-forme, le professeur commande :

1. *Attention.*
2. SAUT EN PROFONDEUR EN ARRIÈRE.

Au deuxième commandement, l'élève joint la pointe des pieds, met les talons en saillie, fléchit les extrémités inférieures, en portant le haut du corps en avant, saisit le bord de la plate-forme, les doigts en dessus, les pouces en dessous, soulève légèrement le corps sans bouger les mains, et appuie sur la pointe des pieds, en comptant *un ;* il répète

le même mouvement en comptant *deux ;* le recommence, en comptant *trois*, lance les jambes en arrière en les allongeant ainsi que le corps, détache les mains, tombe à terre en fléchissant, et porte le haut du corps en avant, les bras en l'air.

Ce saut s'exécute aussi en largeur et profondeur, en lançant les jambes et le corps presque horizontalement en arrière.

SAUTS A LA PERCHE.

Ces exercices s'exécutent individuellement et sans commandement.

Lorsque les élèves marchent en rang, ils portent la perche de la main droite, le gros bout en avant, à environ dix centimètres de terre, la perche appuyant à l'épaule.

Pour poser la perche à terre et la relever, les élèves avancent le pied gauche, en fléchissant la jambe, le bras gauche tombant sur le côté.

1er Exercice. — **Saut en largeur.**

L'élève, placé à quelques pas du sautoir, tient la perche des deux mains, les ongles en dessus, dans une position horizontale, le bras gauche raccourci, le bras droit presque allongé, la main gauche placée à environ un mètre du gros bout de la perche, la main droite audessus de la gauche, à une distance proportionnée à sa taille, de manière qu'il ne soit pas gêné dans la position, et porte le pied gauche en avant.

Cette position étant prise, il court jusqu'à ce qu'il soit arrivé près du sautoir, allonge le bras gauche pour fixer l'extrémité de la perche droit devant lui, prend un vigoureux élan sur le pied gauche, soulève le corps en s'appuyant fortement sur les mains, lance les jambes en avant, franchit la distance en tournant le corps un peu à gauche, dans une position à peu près horizontale, tombe en fléchissant, se redresse et reprend son rang.

Cet exercice s'exécute aussi en pivotant vers la droite.

Dans ce cas, la position des mains est intervertie et l'élan se prend sur le pied droit.

Les élèves étant bien affermis dans les principes du saut à la perche, le professeur leur fait franchir de plus grands espaces ; les principes sont les mêmes, avec cette différence que l'élève saisit la perche plus haut, suivant la distance qu'il doit franchir, et prend un élan beaucoup plus énergique, précédé d'une course plus longue et plus rapide.

2e EXERCICE. — **Saut en hauteur et profondeur.**

Les principes pour le saut en hauteur sont les mêmes que pour le saut en largeur, avec cette différence que la force d'impulsion imprimée par les jambes et les bras est produite dans le sens de la hauteur et que les extrémités inférieures sont portées au moins au niveau de la tête.

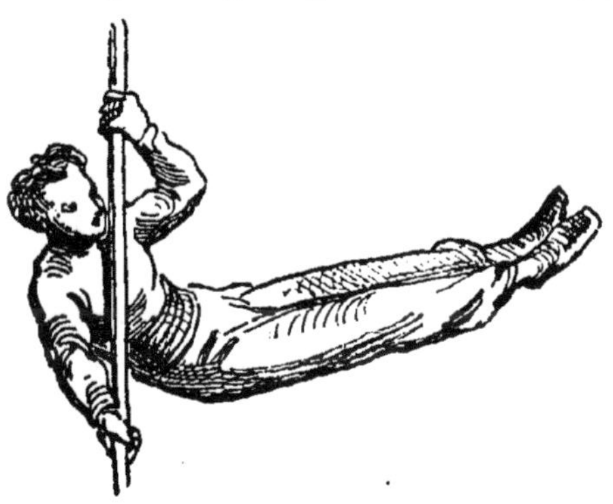

Le professeur habitue d'abord les élèves à franchir des obstacles peu élevés ; il augmente ensuite graduellement la hauteur.

3e EXERCICE. — **Saut en largeur, hauteur et profondeur.**

Ce saut s'exécute d'après les principes des sauts en largeur et hauteur.

ECHELLE DE BOIS HORIZONTALE.

1er EXERCICE. — **Se diriger vers la droite et vers la gauche, en plaçant alternativement les mains sur chaque échelon.**

L'élève se place sous l'une des extrémités de l'échelle de manière à avoir l'autre extrémité à sa droite ; puis il élève les bras, fait effort des jarrets et saisit deux

échelons, les ongles se faisant face, et en laissant un échelon libre entre ceux qu'il tient; il élève ensuite le corps à la force des bras, les jambes allongées et réunies.

Cette position étant prise, il lâche la main gauche et la place sur l'échelon libre; il porte ensuite la main droite sur l'échelon suivant, vers sa droite, et continue ainsi jusqu'à ce qu'il soit arrivé à l'extrémité de l'échelle; il revient vers sa gauche, d'après les mêmes principes.

L'exercice étant terminé, l'élève allonge les bras, quitte l'échelle et tombe à terre d'après les principes prescrits.

2e Exercice. — **Se porter en avant, en posant alternativement les mains sur chaque échelon, et revenir de la même manière.**

L'élève se place sous l'échelle de manière à avoir toute la longueur à parcourir devant lui; il s'y suspend en fixant les mains au même échelon, les pouces en dessous, les bras raccourcis, les jambes allongées et réunies, la pointe des pieds baissée; il saisit ensuite des deux mains, alternativement, le premier échelon qui est devant lui et continue de marcher ainsi d'échelon en échelon jusqu'à l'extrémité de l'échelle.

L'élève, ayant terminé, quitte l'échelle et tombe à terre d'après les principes enseignés.

Pour exécuter cet exercice en arrière, l'élève se place sous l'échelle de manière à avoir toute la longueur à parcourir derrière lui; il recule les mains et les place alternativement à chaque échelon.

3e EXERCICE. — **Se diriger à droite et à gauche, en plaçant les mains alternativement sur un seul montant.**

L'élève se suspend par les mains à un seul montant, de manière à avoir la longueur de l'échelle à sa gauche, les mains éloignées à la largeur des épaules, les jambes réunies, la pointe des pieds baissée.

Cette position étant prise, il fait effort des bras, porte la main droite près de la gauche en la faisant glisser le long du montant, déplace ensuite la main gauche, qu'il porte à gauche, à trente-trois centimètres environ, reporte la main droite près de la gauche, et continue ainsi jusqu'au bout de l'échelle, en conservant les bras raccourcis et les jambes réunies. Il revient ensuite vers la droite par les mêmes principes et par les moyens inverses.

L'exercice terminé, l'élève quitte l'échelle et tombe à terre d'après les principes indiqués.

4e EXERCICE. — **Se diriger en avant, en portant les mains alternativement sur les deux montants.**

L'élève se place sous l'échelle, de manière à avoir la longueur à parcourir devant lui, et saisit les montants des deux mains.

Il se dirige ensuite en avant, en déplaçant les mains l'une après l'autre, les bras raccourcis, les jambes allongées et réunies, et en évitant de balancer le corps.

L'élève étant arrivé à l'extrémité de l'échelle, saute à terre, d'après les principes indiqués.

5e EXERCICE. — **Se diriger en arrière, en portant les mains alternativement sur les deux montants.**

L'élève se place sous l'échelle de manière à avoir la longueur à parcourir derrière lui, et s'y suspend en saisissant les montants des deux mains. Il se dirige ensuite en arrière, en déplaçant les mains l'une après l'autre; étant arrivé à l'extrémité de l'échelle, il tombe à terre d'après les principes prescrits.

6e EXERCICE. — **Se diriger de droite à gauche et de gauche à droite par brasses.**

L'élève se suspend aux échelons de manière à avoir la longueur de l'échelle à sa gauche; les mains écartées le plus possible.

Il appuie légèrement sur l'échelon de la main droite, en avançant un peu l'épaule du même côté, lâche l'échelon de cette main, porte le corps vers la gauche, face en arrière, en conservant les jambes réunies et allongées; la main droite décrit un demi-cercle en rasant la cuisse et va saisir l'échelon le plus loin possible.

Il exécute le même mouvement avec le bras gauche, et continue ainsi jusqu'à l'extrémité de l'échelle.

Le mouvement vers la droite s'exécute d'après les mêmes principes et par les moyens inverses.

CORDES LISSES VERTICALES

1er EXERCICE. — **Monter à deux cordes lisses à l'aide des mains seulement, et descendre.**

L'élève saisit une corde de chaque main, fait effort des poignets et s'élève en portant alternativement une main au-dessus de l'autre, les jambes réunies et portées un peu en avant.

Il descend d'après les même principes.

Cet exercice s'exécute aussi par saccades.

2e EXERCICE. — **Relever la corde pour s'y donner un point d'appui, soit sous la cuisse, soit sous le pied.**

L'élève étant suspendu à la corde par les deux mains,

l'abandonne de la main gauche, saisit la partie inférieure de la corde en dehors et sous la cuisse gauche; l'élève de cette main qu'il rapporte près de la droite et réunit les deux parties de la corde dans la main gauche.

Il peut ensuite, pour plus de solidité, saisir en même temps les deux parties de la corde avec la main droite qu'il place sous la main gauche; il porte alors le poids du corps sur la cuisse gauche pour s'y reposer.

Cet exercice s'exécute aussi de la manière suivante :

L'élève, au lieu de passer la corde sous la cuisse gauche, élève la jambe gauche, passe la corde sous la plante du pied, l'élève de la main gauche, allonge la jambe et termine l'exercice comme il est dit ci-dessus, en portant tout le poids du corps sur le pied gauche, les jambes tendues, le corps vertical.

L'élève peut aussi prendre un point d'appui sur la cuisse droite ou le pied droit.

POUTRE HORIZONTALE

(DEUXIÈME SÉRIE)

1er EXERCICE. — **Étant à cheval, se mouvoir sur les mains en avant et en arrière.**

L'élève étant à cheval place les mains sur la poutre, les doigts en dehors, les pouces en dessus, soulève le corps, les cuisses horizontalement placées, les jambes pendant naturellement, porte la main droite à environ huit centimètres en avant, détache la main gauche de la poutre pour la placer à huit centimètres en avant de la main droite, et continue ainsi, sans toucher la poutre avec les cuisses.

Cet exercice s'exécute en arrière d'après les mêmes principes.

2° Exercice. — **Faire face en arrière, étant debout sur la poutre.**

L'élève pivote sur place jusqu'à ce qu'il soit face en arrière, en ayant soin de conserver les bras à leur position pour maintenir l'équilibre.

3° Exercice. — **Marcher debout, s'arrêter, se placer à cheval et se remettre debout.**

L'élève marche sur la poutre d'après les principes prescrits, s'arrête, place le pied qui est en arrière contre le talon de celui qui est en avant, fléchit les extrémités inférieures, place les mains sur la poutre, près des pieds, les doigts en dehors, porte tout le poids du corps sur les poignets, en avançant un peu la tête, laisse glisser lentement et simultanément les pieds de chaque côté de la poutre et se place à cheval.

Pour se remettre debout, l'élève place les mains sur la poutre, près des cuisses, balance une ou deux fois les jambes en arrière, reporte les pieds sur la poutre dans la position prescrite, et se remet debout.

PLATE-FORME A RÉTABLISSEMENTS

1er Exercice. — **S'établir sur la plate-forme au moyen des avant-bras.**

L'élève se place vis-à-vis et sous la plate-forme, s'élance à la tringle de fer, saisit ensuite le bord de la plate-forme, les pouces en dessous, fait effort des bras pour élever le corps, appuie, l'un après l'autre, les avant-bras sur la plate-forme, sans trop les engager, et s'établit selon les principes enseignés ; ensuite il écarte les mains, les pose à plat, se grandit sur les poignets, se met à genoux, puis debout.

2e Exercice. — **S'établir par un renversement.**

L'élève tourne le dos à la plate-forme, s'élance à la tringle, saisit ensuite la plate-forme des deux mains, fait effort des bras, rejette la tête en arrière, en donnant aux jambes une impulsion en avant, de manière à leur faire décrire un arc de cercle, jusqu'à ce qu'elles soient engagées sur la plate-forme, le plus avant possible, détache les mains l'une après l'autre, les pose à plat, redresse le corps en se poussant en arrière, puis se met debout.

Les élèves bien exercés ne changent pas les mains de place pour achever de s'établir.

3e Exercice. — **Monter en se rétablissant alternativement sur les poignets.**

L'élève se suspend à la plate-forme, en lui faisant face, s'élève à la force des bras, place la main droite sur la plate-forme, les doigts tournés vers sa gauche, le coude élevé, la main gauche ne bougeant pas. Puis il place la main gauche, les doigts tournés vers sa droite, le coude élevé, se grandit sur les mains en avançant le haut du corps, jusqu'à ce que les bras soient tout à fait allongés; ensuite, imprimant aux jambes une légère impulsion en arrière, il se met à genoux, puis debout.

4e Exercice. — **Monter sur la plate-forme en s'y accrochant par une jambe et s'y établir sur les avant-bras.**

L'élève fait face à la plate-forme et s'y suspend comme il est indiqué à l'exercice précédent; puis il s'enlève en penchant le corps un peu à droite, place la jambe gauche sur la plate-forme et s'y retient par le mollet; ensuite il engage et appuie les avant-bras sur la plate-forme, en ayant soin de maintenir la jambe droite verticalement; puis il porte cette jambe en avant, la lance vigoureusement en arrière et la maintient dans cette position, afin d'empêcher le corps de descendre ; il fait en même temps effort des bras et de la jambe gauche pour achever de se trouver au-dessus de la plate-forme ; ensuite il penche le corps à droite, réunit les jambes et se met debout.

L'exercice par la jambe droite s'exécute d'après les mêmes principes.

5e Exercice. — **Monter par un renversement au moyen de la tringle de fer.**

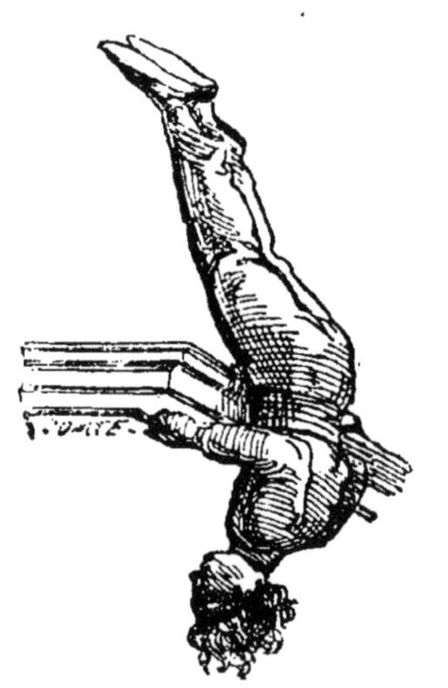

L'élève tournant le dos à la plate-forme se place sous la tringle et s'y suspend par les mains, les ongles en avant, puis il fait effort des poignets en même temps qu'il élève les jambes pour les faire monter au-dessus de la plate-forme.

L'élève, se maintenant dans cette position, se pousse avec les mains, en s'aidant des jambes, pour continuer de s'engager le plus avant possible; ensuite il quitte la tringle, place les mains sur la plate-forme et s'établit debout.

DIFFÉRENTES MANIERES DE DESCENDRE

1er Exercice. — **Descendre sur les avant-bras.**

L'élève s'assied sur le bord de la plate-forme, les jambes pendant en dehors, se retourne sur le ventre, se laisse glisser lentement, en s'appuyant sur les avant-bras, saisit le bord de la plate-forme avec les mains allonge les bras et tombe à terre d'après les principes prescrits.

2e EXERCICE. — **Descendre par un renversement en avant, au moyen de la tringle de fer.**

L'élève se couche sur le ventre, la tête dépassant le bord de la plate-forme, saisit la tringle, la paume des mains en avant, fléchit les jambes sur les cuisses, se renverse en avant, allonge les bras et tombe à terre.

3e EXERCICE. — **Descendre par un renversement en avant, au moyen de la plate-forme.**

Cet exercice s'exécute comme le précédent, à l'exception que l'élève place les mains sur le bord de la plate-forme, les doigts en dessus, le pouce réuni à l'index.

4e EXERCICE. — **Descendre en arrière en se retenant par les mains sur le bord de la plate-forme.**

L'élève se couche sur le dos, renverse la tête et saisit le bord de la plate-forme, les doigts en dessus, le pouce joint à l'index.

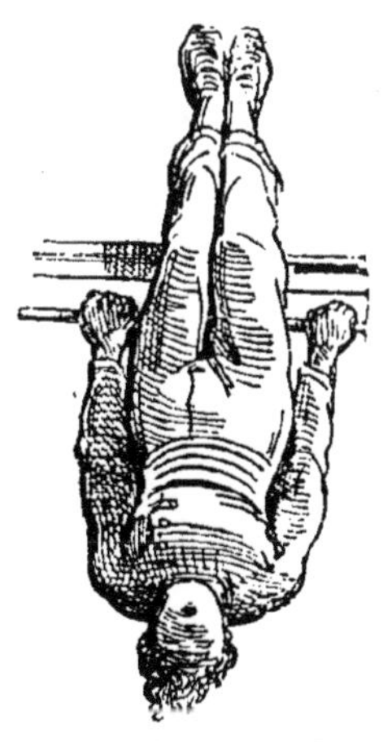

Ensuite, il pousse sur les mains en cambrant les reins; laisse glisser le corps sur le bord de la plate-forme, jusqu'à ce que les bras soient complétement allongés, et se maintient ainsi dans la ligne verticale. Cette position étant marquée, il plie aux hanches, raccourcit les jambes, renverse le corps, en résistant des reins et des épaules, se développe, et tombe à terre.

Cet exercice s'exécute aussi en se retenant par les mains à la tringle de fer.

Les principes sont les mêmes qu'à l'exercice précédent; mais il faut redoubler de précaution pour atténuer la chute des jambes, attendu que cette fois les mains se trouvant placées au-dessous et en arrière du bord de la plate-forme, l'exercice offre plus de difficultés.

EXERCICES FACULTATIFS

Course de vitesse. — Tir à l'arc. — Lancer la barre Equitation — Escrime. — Jeux gymnastiques.

ÉCOLES NORMALES PRIMAIRES

Exécution de tous les exercices indiqués au programme des Écoles primaires et des Lycées, auxquels on ajoute les suivants :

EXERCICES DES MILS PERSANS (OU MASSUES)

Les élèves étant placés à trois pas d'intervalle, le professeur fait porter les numéros pairs à quatre pas en avant des numéros impairs. Le mil est placé debout, à terre, à cinq centimètres environ de la pointe des pieds.

1er EXERCICE. — **Porter le mil à l'épaule droite** (*ou gauche*).

Le professeur commande :

1. *Portez le mil à l'épaule droite.*
2. UN.
3. DEUX.

Au commandement de *un*, l'élève saisit la poignée du mil avec la main droite, la paume tournée en avant, le pouce en dehors.

Au commandement de *deux*, il enlève le mil de terre en lui donnant une impulsion en avant et le porte à l'épaule droite, la main à la hanche, l'extrémité, ou gros bout, du mil appuyant sur la partie extérieure du bras, le coude au corps, le bras gauche pendant naturellement.

Cet exercice s'exécute de la main gauche d'après les mêmes principes.

Lorsque les élèves peuvent être exercés chacun avec deux mils, ils exécutent ces mouvements simultanément, ou alternativement, avec les deux mains, suivant l'indication du professeur.

2° EXERCICE. — **Porter le mil en arrière.**

Le professeur commande :
1. *Portez le mil en arrière.*
2. UN.
3. DEUX.

Au commandement de *un*, l'élève avance un peu l'épaule du côté qui doit agir, fait glisser le mil horizontalement sur l'épaule et le renverse perpendiculairement en arrière.

Au commandement de *deux*, il porte la main et le mil en dehors de l'épaule, puis revient à la première position en ramenant le coude au corps, le mil glissant sur la face externe du bras.

L'élève répète plusieurs fois cet exercice avec la main droite avant de l'exécuter avec la main gauche.

Il l'exécute ensuite alternativement avec les deux mains, lorsqu'il est armé de deux massues.

3° EXERCICE. — **Renverser le mil en arrière.**

Le professeur commande :
1. *Renversez le mil en arrière.*
2. UN.
3. DEUX.

Au commandement de *un*, l'élève se conforme à ce qui a été prescrit pour l'exercice précédent; seulement, au lieu de passer le mil sur l'épaule, il le fait glisser vivement sur la face externe du bras et le laisse pendre sur le côté.

Au commandement de *deux*, il ramène le coude au corps et reprend sa position.

Cet exercice s'exécute alternativement, de la main droite et de la main gauche, et ensuite avec les deux mains, lorsque les élèves sont armés de deux massues.

4° EXERCICE. — **Porter le mil en avant.**

Le professeur commande :

1. *Portez le mil en avant.*
2. UN.
3. DEUX.

Au commandement de *un*, l'élève porte vivement le mil horizontalement devant lui, en allongeant le bras, les ongles en dedans.

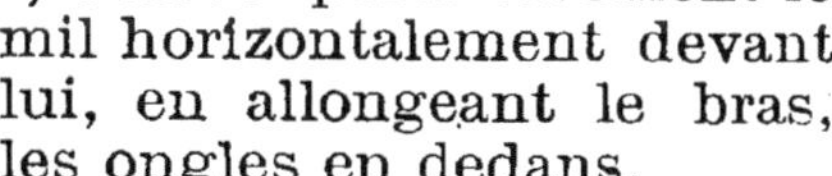

Au commandement de *deux*, il tourne le poignet, les ongles en dessus, ouvre légèrement les doigts, laisse aller le mil vers la terre, le ramène, par un effort du poignet, en dehors du bras, en lui faisant décrire un demi-cercle en arrière, et reprend sa première position.

Cet exercice s'exécute alternativement avec l'une et l'autre main, puis simultanément avec les deux mains, lorsque les élèves sont armés de deux massues.

5e EXERCICE. — **Porter le mil en dehors, à droite** (*ou à gauche*).

Le professeur commande :

1. *Portez le mil en dehors, à droite.*
2. UN.
3. DEUX.
4. TROIS.
5. QUATRE.

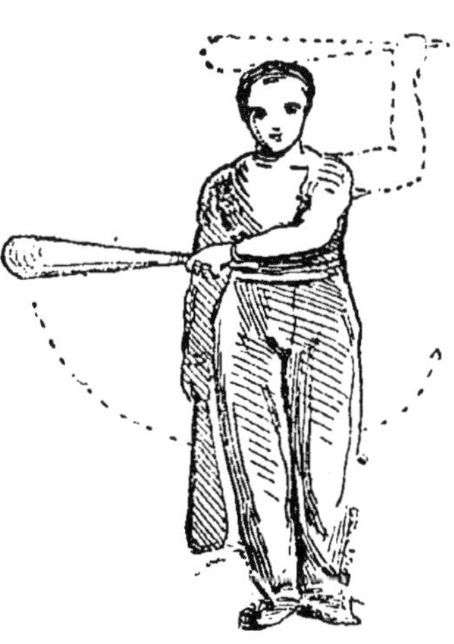

Au commandement de *un*, l'élève porte vivement le mil à droite, dans la position horizontale, en étendant le bras droit, les ongles en avant.

Au commandement de *deux*, il laisse descendre le mil vers la terre, lui fait décrire trois quarts de cercle, en ramenant le coude au corps, pliant le bras et portant le poignet à hauteur et près de l'épaule droite, le dessus de la main tourné en avant et le mil dans la position verticale.

Au commandement de *trois*, il renverse le mil vers la droite, le fait passer derrière l'épaule par une impulsion du poignet, et conserve le coude le plus près possible du corps.

Au commandement de *quatre*, il ramène le mil sur l'épaule et revient à sa première position.

Cet exercice s'exécute alternativement avec l'une et l'autre main, en suivant les mêmes principes.

6e Exercice. — **Porter le mil en dedans, à gauche** (*ou à droite*).

Le professeur commande :

1. *Portez le mil en dedans à gauche.*
2. UN.
3. DEUX.
4. TROIS.
5. QUATRE.

Au commandement de *un*, l'élève porte vivement, de la main droite, le mil a gauche, dans la position horizontale, en passant l'avant-bras près du corps.

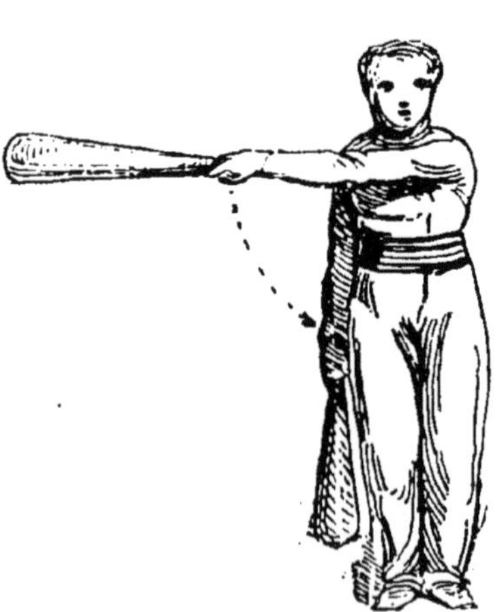

Au commandement de *deux*, il abaisse le mil vers la terre, lui fait décrire trois quarts de cercle de gauche à droite, plie le bras, et passe le mil derrière la tête, le poignet à hauteur des oreilles.

Au commandement de *trois*, il laisse descendre légèrement le mil, le ramène vers la droite en rapprochant le poignet de l'épaule droite.

Au commandement de *quatre*, il fait glisser le mil sur l'extérieur du bras et reprend sa position.

Cet exercice s'exécute alternativement avec l'une et l'autre main, en suivant les mêmes principes.

7e Exercice. — **Porter le mil horizontalement en avant et le passer au-dessus de la tête.**

Le professeur commande :

1. *Passez le mil au-dessus de la tête.*
2. UN.
3. DEUX.
4. TROIS.

Au commandement de *un*, l'élève porte vivement le mil horizontalement devant lui, en allongeant le bras, les ongles en dedans.

Au commandement de *deux*, il tourne le poignet, les ongles en dessous, élève la main, dirige le mil à gauche et le porte horizontalement au-dessus de la tête, en fléchissant l'avant-bras.

Au commandement de *trois*, il ramène le mil à sa position, le poignet rasant l'épaule.

Cet exercice s'exécute alternativement avec l'une et l'autre main.

8e Exercice. — **Élever le mil verticalement et le passer derrière la tête.**

Le professeur commande :

1. *Passez le mil derrière la tête.*
2. UN.
3. DEUX.
4. TROIS.

Au commandement de *un*, l'élève porte le bras et le mil dans une position verticale.

Au commandement de *deux*, il dirige le mil vers la gauche en fléchissant l'avant-bras.

Au commandement de *trois*, il passe le mil derrière la tête et le ramène à sa position, le poignet rasant l'épaule.

Cet exercice s'exécute alternativement avec les deux mains.

9e Exercice. — **Abaisser le mil et le passer autour du corps.**

Le professeur commande :

1. *Passez le mil autour du corps.*
2. UN.
3. DEUX.
4. TROIS.

Au commandement de *un*, l'élève abaisse le mil et le laisse pendre naturellement.

Au commandement de *deux*, il porte le mil vers la gauche, en élevant progressivement le poignet, passe l'avant-bras par-dessus la tête, le mil pendant naturellement derrière l'épaule.

Au commandement de *trois*, il tourne le poignet, les ongles en dessus, ouvre légèrement les doigts, descend le mil à droite à la position du premier mouvement, en tournant le poignet les ongles en dessous et répète plusieurs fois cet exercice.

Cet exercice s'exécute alternativement avec les deux mains.

10e Exercice. — **Passer le mil en cercle, par la gauche** (*ou par la droite*).

Le professeur commande :

1. *Passez le mil en cercle par la gauche.*
2. UN.
3. DEUX.

Au commandement de *un*, l'élève porte vivement le mil à droite dans la position horizontale en étendant le bras droit, les ongles en avant.

Au commandement de *deux*, il descend le mil vers la terre, lui fait décrire un cercle entier, l'avant-bras rasant le corps, pour revenir à la position du bras tendu.

Il répète plusieurs fois ce mouvement.

Il passe le mil en cercle par la droite en faisant agir le bras gauche.

11e Exercice. — **Poser le mil à terre.**

Les élèves étant au port du mil, si le professeur veut faire poser le mil à terre, il commande :

1. POSEZ LE MIL A TERRE.

L'élève porte le gros bout du mil en avant, le descend à terre en inclinant légèrement le haut du corps, le pose à cinq centimètres de la pointe des pieds et reprend la position.

12e Exercice. — **Porter le mil à bras tendu.**

Le mil étant posé à terre, le professeur commande :

1. *Portez le mil à bras tendu.*

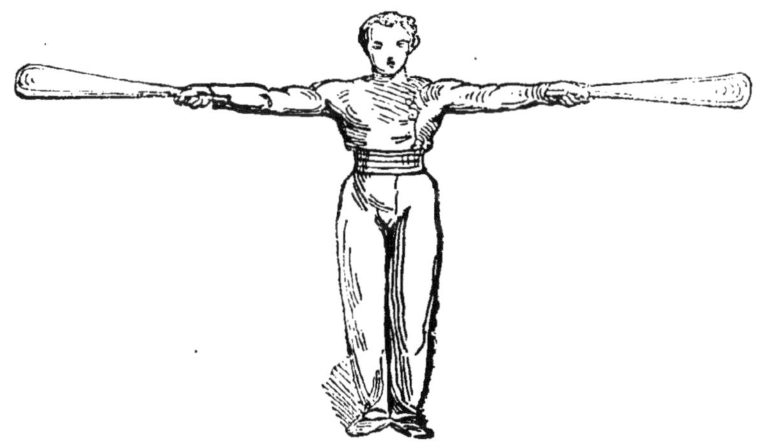

2. UN.
3. DEUX.

Au commandement de *un*, l'élève saisit le mil par la poignée avec la main droite, la paume tournée en avant, le pouce en dehors.

Au commandement de *deux*, il porte vivement le mil à droite à bras tendu, dans la position horizontale, et le tient ainsi le plus longtemps possible.

L'élève abaisse ensuite le mil vers la terre et le replace debout devant lui.

Cet exercice s'exécute alternativement avec l'une et

l'autre main, puis simultanément avec les deux mains.

Observations.

Le professeur fait d'abord exécuter lentement tous ces exercices, afin d'habituer les élèves à prendre de bonnes positions.

La décomposition de ces exercices par mouvements a pour objet d'en faire mieux connaître le mécanisme; mais lorsque les élèves sont bien exercés, ils doivent exécuter successivement chaque exercice sans interruption, jusqu'au commandement de *cessez*.

SAUTS SANS INSTRUMENTS

1er Exercice. — **Sauts continus en avant, sur le pied droit** (*ou gauche*).

Cet exercice s'exécute d'abord individuellement, et ensuite par peloton.

Le professeur commande :

1. *Sauts continus en avant sur le pied droit.*
2. EN POSITION
3. PARTEZ.

Au commandement de *en position*, l'élève porte la jambe gauche et les bras tendus en arrière, fléchit un peu la jambe droite en inclinant le haut du corps en avant.

Au commandement de *partez*, l'élève lance les bras vigoureusement en avant, étend en même temps le jarret droit et saute sans que le pied gauche touche terre. Aussitôt que le pied pose à terre, il reporte vivement les bras tendus en arrière, les relance aussitôt en avant, étend le jarret et saute de nouveau.

Il continue ainsi, sans interruption, en graduant les sauts, de manière que le premier soit le plus petit et le dernier le plus grand.

Il termine toujours en tombant sur les deux pieds, les bras tendus en avant.

Les sauts continus en avant sur le pied gauche s'exécutent d'après les mêmes principes.

2e Exercice.—**Saut en largeur avec élan, en prenant le point d'appui sur les deux pieds.**

A l'avertissement du professeur, l'élève placé à quelques pas du sautoir s'y dirige par une course progressive, mais moins rapide, cependant, que pour le saut en largeur ordinaire. Arrivé au point où il doit exécuter le saut en largeur, il frappe le sol des deux pieds, imprime un fort mouvement d'extension aux jarrets, redresse le haut du corps, s'élance le plus loin possible, les jambes pliées en avant et réunies, les bras tendus parallèlement, les poings à hauteur des épaules, et tombe à terre d'après les principes indiqués.

3e Exercice.—**Saut en hauteur avec élan, en prenant le point d'appui sur les deux pieds.**

Cet exercice s'exécute comme le précédent, avec cette différence que l'élève, en sautant, raccourcit les jambes en levant les genoux le plus possible et lance les bras en l'air, les poings au-dessus de la tête, l'impulsion devant être donnée de bas en haut.

POUTRE INCLINÉE.

On augmente progressivement l'inclination de la poutre, jusqu'à ce que la hauteur soit égale à la moitié de la base.

Les élèves exécutent alors les exercices suivants :

1er Exercice. — **Étant à cheval, se mouvoir en avant** (*ou en arrière*) **pour monter ou pour descendre.**

Se conformer à ce qui est prescrit à la page 148.

2e Exercice. — **Étant assis, se mouvoir du côté pour monter ou pour descendre.**

Se conformer à ce qui est prescrit à la page 149.

3e Exercice. — **Étant debout, marcher en avant et en arrière** (*ou de côté*) **pour monter ou pour descendre.**

Se conformer à ce qui est prescrit à la page 61.

Les élèves inclinent le haut du corps vers le sommet de la poutre, soit qu'ils montent, soit qu'ils descendent.

VOLTIGE SUR LA PLANCHE D'ASSAUT.

1er Exercice. — **Se lancer sur la planche d'assaut, et sauter en avant, à droite** (*ou à gauche*) ; **en quatre temps.**

Pour sauter à gauche, l'élève s'élance en courant, porte le pied droit sur la planche, en comptant *un*; ensuite le pied gauche au-dessus du droit, en comptant *deux*; puis le pied droit au-dessus du gauche, en comptant *trois;* dégage la jambe gauche en dehors de la planche et saute sur le côté, les pieds réunis, en comptant *quatre*.

Pour sauter à droite, l'exercice est le même ; seulement il faut placer le pied gauche le premier sur la planche d'assaut, de manière qu'au troisième mouvement, la jambe droite se trouve dégagée en dehors de la planche.

2e EXERCICE. — **Se lancer sur la planche d'assaut, se soutenir à la force des bras, les jambes en l'air, et sauter en arrière, à droite** (*ou à gauche*); **en quatre temps.**

Pour sauter en arrière à droite, l'élève s'élance en courant, porte le pied gauche sur la planche, en comptant *un*; ensuite le pied droit, en comptant *deux*; puis le pied gauche, en comptant *trois*; baisse le corps, saisit des deux mains les bords de la planche, le pied droit levé, se soutient sur les poignets, les bras tendus, les jambes en l'air et réunies, et s'élance en arrière sur le côté droit, en comptant *quatre*.

Pour sauter à gauche, l'exercice est le même; seulement il faut placer le pied droit le premier, de manière que, quand on saisit les bords de la planche, la jambe gauche se trouve en l'air.

3e EXERCICE. — **Monter à la planche d'assaut à l'aide des mains et des pieds, les extrémités supérieures et inférieures agissant alternativement, et descendre en arrière de la même manière.**

L'élève s'élance, porte le pied droit le plus haut possible sur la planche, la saisit, par les bords, des deux mains, en baissant le haut du corps; il déplace ensuite la main droite pour ressaisir la planche en étendant le bras; il raccourcit en même temps la jambe gauche, monte le pied et le pose près de la main gauche.

Il exécute le même mouvement avec le bras gauche et la jambe droite, et monte ainsi jusqu'au sommet, en faisant agir alternativement les extrémités supérieures et inférieures.

Il descend d'après les mêmes principes.

4e Exercice. — **Monter à la planche d'assaut à l'aide des mains et des pieds, les extrémités supérieures et inférieures agissant simultanément.**

L'élève s'élance, porte le pied droit le plus haut possible sur la planche qu'il saisit comme il est indiqué à l'exercice précédent, place ensuite le pied gauche près du droit, fléchit les jambes, après avoir bien assuré les pieds, fait effort des bras et remonte simultanément les mains le long de la planche, en faisant en même temps effort des jambes pour monter les pieds, et continue ainsi jusqu'au sommet.

Il descend d'après les mêmes principes.

5e Exercice. — **Monter à la planche d'assaut à l'aide des mains et des pieds, les extrémités supérieures et inférieures agissant simultanément, faire demi-tour et descendre en avant de la même manière.**

L'élève s'élance et monte à la planche d'assaut, comme il est indiqué à l'exercice précédent; arrivé au sommet, il fait demi-tour et descend en avant, en se supportant sur les poignets, les jambes raccourcies, les talons appuyant sur la planche.

6e Exercice. — **Monter à la planche d'assaut, à l'aide des pieds seulement, faire demi-tour et descendre en avant.**

(La planche inclinée au maximum de 45 degrés.)

L'élève s'élance en courant, monte, le plus rapidement possible, à la planche d'assaut, en y appuyant fortement la pointe des pieds, le haut du corps un peu en avant; arrivé au sommet, il fait demi-tour et descend en avant, en portant le corps un peu en arrière pour maintenir l'équilibre.

SAUT A LA PERCHE.

Saut en largeur et profondeur, d'un point élevé.

L'élève, placé sur une plate-forme, fixe le bout inférieur de la perche plus ou moins loin devant lui, suivant l'espace qu'il doit franchir, balance deux ou trois fois le haut du corps en avant et en arrière, en s'appuyant sur la perche sans bouger les pieds, s'élance en donnant une vive impulsion à la perche qui se redresse, et, pivotant sur le bout inférieur, parcourt une portion du cercle. Alors l'élève, conservant un point d'appui sur les mains, lance les jambes en avant et tombe le plus loin possible, en fléchissant. Cet exercice s'exécute aussi avec deux perches placées parallèlement.

CORDES LISSES SIMPLES OU DOUBLES, HORIZONTALES OU EN PLAN INCLINÉ.

1er Exercice. — **Passer sur une corde lisse horizontale** (*ou inclinée*), **à plat ventre, sur le côté, à droite** (*ou à gauche*).

L'élève placé à l'extrémité de la corde, et lui faisant face, la saisit des deux mains, se met au-dessus et s'y appuie par le ventre. Il place ensuite la main droite à environ trente-trois centimètres sur le côté en la faisant glisser le long de la corde, s'élève sur les poignets et porte le corps près de cette main. Il appuie de nouveau le ventre sur la corde et rapproche la main gauche près du corps.

Il continue ce mouvement jusqu'à l'extrémité de la corde, ou jusqu'à ce qu'il soit fatigué.

Il descend d'après les mêmes principes par les moyens inverses.

Cet exercice s'exécute aussi en se dirigeant vers la gauche.

2e Exercice. — **Passer au-dessous d'une corde lisse horizontale** (*ou inclinée*), **en s'y accrochant avec les mains et les jambes, sans que celles-ci abandonnent la corde.**

L'élève se place sous la corde, près de son extrémité, la saisit avec les deux mains, s'enlève à la force des bras et place les jambes, les pieds croisés sur la corde; il fait effort des bras pour ramener les pieds près des mains et porte aussitôt celles-ci le plus loin possible, l'une après l'autre. Il fait de nouveau effort sur les bras pour ramener les pieds près des mains et continue ainsi.

Il descend d'après les mêmes principes et par les moyens inverses.

3e Exercice. — **Passer en avançant à l'aide des mains, étant accroché par un jarret.**

Cet exercice s'exécute comme le précédent, excepté

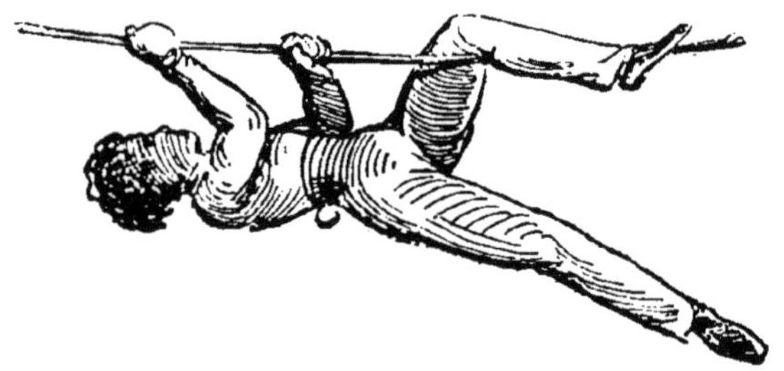

que c'est le jarret qui porte sur la corde, l'autre jambe tombant naturellement.

4e Exercice. — **Passer en s'accrochant alternativement par les jarrets, en marchant** (*ou grimpant*), **à l'aide des mains.**

L'élève saisit la corde comme il est indiqué au

deuxième exercice, s'enlève à la force des bras et s'y accroche par le jarret gauche; ensuite il lance la jambe droite par-dessus la corde et s'y accroche par le jarret; il dégage aussitôt la jambe gauche et la laisse tomber sur le côté en même temps qu'il lâche la corde de la main droite pour la porter plus haut.

Il lance ensuite la jambe gauche par-dessus la droite et s'accroche par le jarret, la jambe droite tombant sur le côté, pendant qu'il lâche la corde de la main gauche pour la ressaisir plus haut.

Il continue ainsi ce mouvement alternatif, en ayant soin de fixer le jarret sur la corde avant de déplacer la main.

Il descend d'après les mêmes principes et par les moyens inverses.

5e Exercice. — **Monter à une corde inclinée, à la force des bras, en avant et en arrière.**

L'élève se place sous la corde, près de son extrémité, la saisit des deux mains, fait effort des poignets et monte à la corde en déplaçant les mains, l'une après l'autre, les bras raccourcis, les jambes allongées et réunies, la pointe des pieds basse.

Il descend d'après les mêmes principes.

6e Exercice. — **Monter à deux cordes parallèles inclinées, en arrière et en avant, à l'aide des mains seulement.**

L'élève se place dessous et entre les cordes, près de leur extrémité; il monte et descend à la force des bras, d'après les principes indiqués à l'exercice précédent, en ayant soin d'éviter le balancement du corps.

7e Exercice. — **Monter et descendre entre deux cordes inclinées, en s'appuyant uniquement sur les mains.**

L'élève se place entre les cordes, près de leur extrémité, se suspend sur les mains, les bras tendus, les jambes allongées et réunies, la pointe des pieds basse, fait un mouvement de progression en portant les mains alternativement en avant, et continue ainsi jusqu'à l'autre extrémité ou jusqu'à ce qu'il soit fatigué.

Il descend d'après les mêmes principes.

POUTRE HORIZONTALE MOBILE.

(A un mètre environ du sol).

1er Exercice. — **Passer à cheval en avant.**

Se conformer à ce qui est indiqué au premier exercice de la poutre (page 148).

2e Exercice. — **Passer à cheval en arrière.**

Voir le deuxième exercice de la poutre (page 149).

3e Exercice. — **S'asseoir sur la poutre et se mouvoir de côté.**

Voir le troisième exercice de la poutre (page 149).

4e Exercice. — **S'enlever sur les poignets, face à la poutre, et se mouvoir de côté.**

Voir le quatrième exercice de la poutre (page 150)

5e Exercice. — **Étant à cheval, se mouvoir sur les mains, en avant et en arrière.**

Voir le premier exercice de la poutre (page 159).

6e Exercice. — **Faire face en arrière, étant debout sur la poutre.**

Voir le deuxième exercice de la poutre (page 160).

7e Exercice. — **Marcher debout, s'arrêter, se placer à cheval et se remettre debout.**

Voir le troisième exercice de la poutre (page 160).

DIFFÉRENTES MANIÈRES DE DESCENDRE.

1er Exercice. — **Étant à cheval, passer la jambe droite par-dessus la poutre et descendre.**

Voir le premier exercice de la poutre (page 150).

2e Exercice. — **Étant debout, sauter en avant.**

Voir le deuxième exercice de la poutre (page 151).

3e Exercice. — **Étant assis, sauter en avant.**

Voir le troisième exercice de la poutre (page 151).

Les exercices de la poutre horizontale mobile s'exécutent toujours individuellement.

Lorsque l'élève passe à cheval, le professeur imprime à la poutre des mouvements divers d'oscillation.

Quand l'élève perd l'équilibre, il tourne au-dessous de la poutre, y prend un point d'appui avec les mains et les talons, et se meut en avant, ou en arrière, ou pose les pieds à terre.

Lorsque l'élève passe debout, le professeur imprime à la poutre un mouvement d'oscillation dans le sens de sa longueur. L'élève saisit le moment où la poutre revient en arrière, pour marcher en avant à pas précipités; il s'arrête et se maintient en équilibre, pendant qu'elle se reporte en avant.

PLANCHES A RAINURES.

1er Exercice. — **Se suspendre par les doigts, en les accrochant à une rainure.**

L'élève s'accroche avec les dernières phalanges des doigts à la rainure la plus élevée qu'il peut atteindre, détache les pieds du sol, en fléchissant les jambes, et reste suspendu le plus longtemps possible.

Cet exercice est exécuté par plusieurs élèves à la fois.

2e Exercice. — **Se porter latéralement vers la droite** (*ou vers la gauche*), **les mains étant accrochées à la même rainure.**

L'élève, étant suspendu comme il est dit à l'exercice précédent, place la main gauche près de la droite, en résistant du bras droit et porte ensuite la main droite vers la droite, en résistant du bras gauche.

Il répète le même mouvement des deux mains alternativement et continue ainsi.

Cet exercice s'exécute vers la gauche d'après les mêmes principes.

3e Exercice. — **Monter en accrochant alternativement chaque main à la même rainure, et descendre de même.**

L'élève étant suspendu à une rainure, fait effort sur les doigts pour élever le corps, accroche l'une des mains à la rainure supérieure, place l'autre main dans la même rainure et continue ainsi.

Il descend d'après les mêmes principes.

4e Exercice. — **Monter en accrochant alternativement les mains à une rainure différente, et descendre de même.**

Cet exercice s'exécute comme le précédent, avec cette différence que l'élève accroche alternativement les mains à une rainure différente.

5e Exercice. — **Monter par saccades et descendre de même.**

Cet exercice s'exécute comme le troisième, avec cette différence que les mains quittent simultanément une rainure pour s'accrocher à une rainure supérieure.

On descend d'après les mêmes principes.

Ces exercices s'exécutent aussi par émulation.

APPENDICE

TREMPLIN.

Le tremplin peut être employé :

1° Pour le saut en largeur avec élan;

2° Pour le saut en hauteur et largeur au moyen du cordeau;

3° Pour le saut à la perche.

Les principes sont les mêmes que pour les sauts exécutés sur le terrain ordinaire.

VINDAS.

1er Exercice. — **Courir vers la droite en tenant la poignée dans la main gauche et la corde dans la main droite.**

Les élèves saisissent chacun la poignée avec la main gauche, le bras raccourci, la main près de l'épaule droite, et la corde avec la main droite, le bras presque allongé ; puis ils s'éloignent du centre, se placent de manière à être diamétralement opposés l'un à l'autre (ou les uns aux autres) et portent le pied droit en avant.

Ensuite le professeur commande :

1. *Attention.*
2. PARTEZ.
3. HALTE.

Au deuxième commandement, les élèves partent ensemble du pied gauche, décrivent une circonférence aussi grande que possible, la face du corps en avant et parallèle à la direction de la corde.

1er Exercice.

Ils font des pas larges et réguliers en appuyant, sans frapper, la pointe du pied sur le sol, et maintiennent constamment les bras à leur position et la corde ten-

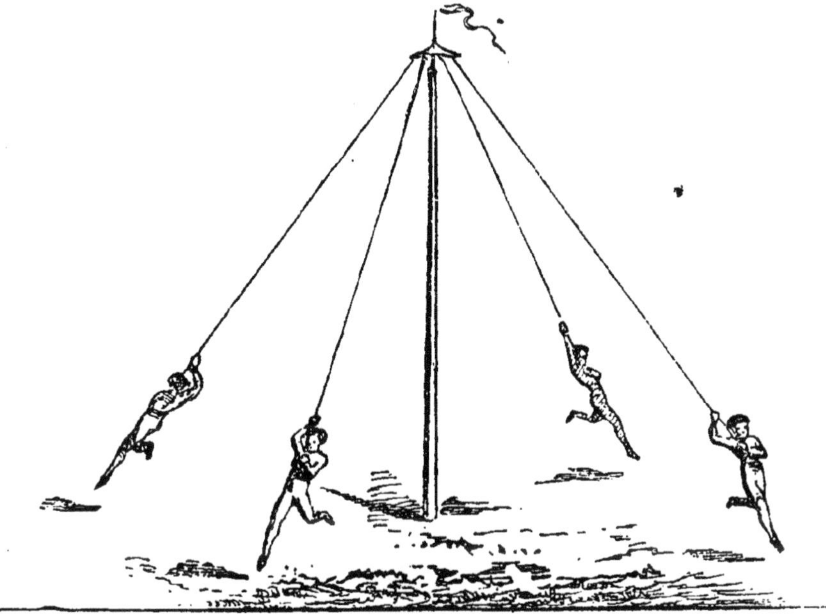

due," afin de ne point donner de faux mouvements au corps ; ils continuent jusqu'au commandement de *halte*.

A ce commandement, ils cessent le mouvement, se rapprochent du centre et quittent les cordes pour retourner dans le rang.

2e Exercice. — **Courir vers la gauche en tenant la poignée dans la main droite et la corde dans la main gauche.**

Cet exercice s'exécute d'après les mêmes principes que le précédent et par les moyens inverses.

Les élèves saisissent la poignée avec la main droite et la corde avec la main gauche.

Ils tournent, cette fois, vers leur gauche.

2e Exercice.

3e Exercice. — **Courir vers la droite, en tenant la poignée avec la main droite, le bras allongé.**

Les élèves saisissent chacun la poignée avec la main droite et se placent comme il est indiqué au premier exercice.

Au commandement du professeur, ils partent ensemble, tournent vers leur droite en faisant des pas larges et réguliers sur la pointe des pieds ; ils tirent constamment sur la poignée, de manière que la corde reste tendue ; le corps droit, le bras gauche allongé sur le côté.

Ils continuent de tourner ainsi jusqu'au commandement de *halte.*

A ce commandement ils s'arrêtent, se rapprochent du centre et quittent la poignée.

4e Exercice. — **Courir vers la gauche en tenant la poignée avec la main gauche, le bras allongé**

Cet exercice s'exécute d'après les mêmes principes que le précédent et par les moyens inverses.

Les élèves saisissent la poignée avec la main gauche, et tournent vers leur gauche.

Pour l'exécution de ces exercices, le professeur doit éloigner son peloton à une certaine distance du vindas, afin de ne pas gêner les élèves qui s'exercent.

Les élèves ne saisissent les poignées qu'au commandement du professeur, et ils ne reprennent leur place dans le rang, que sur l'ordre de ce dernier, qui avertit ensuite les deux (ou quatre) élèves suivants.

Ces exercices doivent s'exécuter avec ordre et ensemble.

TRAPÈZE DE VOLTIGE.

1er EXERCICE.

L'élève étant sur l'estrade, saisit la base du trapèze, les ongles en avant, se lance dans l'espace le corps droit, les bras allongés, les pieds réunis, en comptant *un* ; porte aussitôt les jambes en arrière, en comptant *deux;* les reporte en avant, en comptant *trois* ; quitte la base du trapèze et tombe à terre sur la pointe des pieds en fléchissant les jarrets, les bras allongés au-dessus de la tête, en comptant *quatre*.

2e EXERCICE.

L'élève étant sur l'estrade, saisit la base du trapèze, les ongles en avant, se lance dans l'espace, les bras allongés, en comptant *un;* porte aussitôt les jambes en arrière, en comptant *deux;* les reporte en avant, en comptant *trois ;* ramène de suite les jambes en arrière, en comptant *un ;* les porte en avant, en comptant *deux;* les fléchit en arrière pour se rétablir sur l'estrade, en comptant *trois*.

3e EXERCICE.

L'élève étant sur l'estrade, saisit la base du trapèze, les bras croisés, la paume de la main droite tournée vers lui et celle de la main gauche en avant ; s'élance dans l'espace ; fait un demi-tour à gauche lorsque le trapèze a terminé sa course, déplace en même temps la main gauche pour la mettre comme la droite, et revient face en arrière pour se rétablir sur l'estrade.

Cet exercice s'exécute aussi en croisant les bras dans le sens inverse.

4e Exercice.

L'élève étant sur l'estrade, saisit le trapèze, les ongles en avant ; franchit l'espace, s'établit sur la base, à l'extrémité de la course par un renversement du corps ; revient en arrière en se maintenant en équilibre sur les poignets et se rétablit sur l'estrade.

5e Exercice.

L'élève étant sur l'estrade, saisit la base du trapèze, les ongles en avant, franchit l'espace, s'établit sur la base, à l'extrémité de la course par un renversement du corps, revient en arrière en se maintenant en équilibre sur les poignets; laisse descendre le corps sous le trapèze ; repart en avant sans avoir touché l'estrade, quitte le trapèze à la fin de sa course et tombe d'après les principes prescrits.

6e Exercice.

L'élève étant sur l'estrade, saisit la base du trapèze, les ongles en avant, franchit l'espace; s'établit sur les poignets à la fin de la course, revient en arrière, en se maintenant en équilibre et se rétablit sur l'estrade.

7e Exercice.

L'élève étant sur l'estrade, saisit la base du trapèze, les ongles en avant, franchit l'espace; s'établit sur les poignets, à la fin de la course ; revient en arrière en se maintenant en équilibre ; laisse descendre le corps sous le trapèze ; repart en avant sans avoir touché l'estrade ; quitte le trapèze à la fin de sa course et tombe d'après les principes indiqués.

A Coinchon del

8e Exercice.

L'élève étant sur l'estrade, saisit la base du trapèze, les ongles en avant ; franchit l'espace ; s'établit sur les poignets, lorsque le trapèze a terminé sa course en arrière ; repart en avant, en se maintenant en équilibre sur les poignets ; revient de même en arrière et se rétablit sur l'estrade.

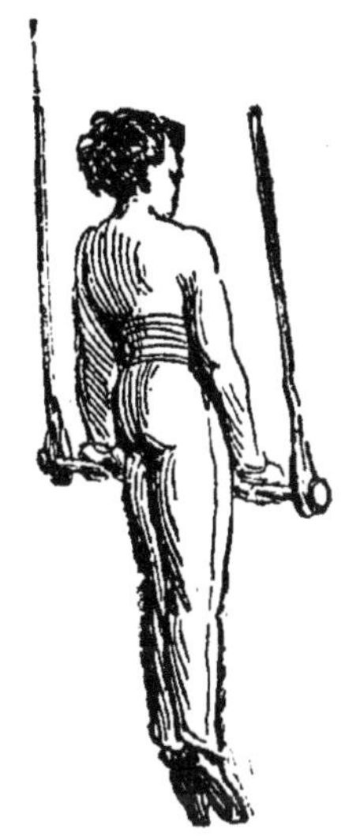

L'élève peut également exécuter cet exercice en revenant en avant et en sautant comme il est indiqué à l'exercice précédent.

PASSAGE *DIT* DE RIVIÈRE.

1er Exercice. — **Se lancer en avant, avec la corde, les jambes un peu raccourcies.**

L'élève se place sur la troisième ou quatrième marche de l'estrade et au milieu, les pieds au bord et réunis.

Le professeur lui ayant lancé la corde, l'élève la saisit des deux mains, l'une au-dessus de l'autre, à peu près à hauteur de la tête, les ongles tournés vers lui, le corps droit, l'extrémité de la corde sur l'épaule.

Étant ainsi placé, il s'élève légèrement sur les pieds, amène les coudes au corps, se laisse aller dans l'espace en conservant les bras raccourcis et en pliant les jambes, surtout au moment où la corde passe dans la ligne verticale, afin de ne pas toucher le sol.

La corde étant sur le point de terminer sa course, il la quitte des deux mains à la fois et tombe à terre d'après les principes prescrits.

Les élèves étant affermis dans cet exercice, le professeur les fait partir d'un point plus élevé, de degré en degré.

2e Exercice. — **Se lancer en avant, avec la corde, les jambes placées horizontalement.**

Cet exercice diffère du premier en ce que l'élève porte les jambes tendues horizontalement en avant, au moment du départ; il les maintient dans cette position tout le temps de la course.

3e Exercice. — **Se lancer en avant, faire demi-tour au bout de la course et revenir se placer au point de départ.**

L'élève, étant sur l'estrade,

se lance dans l'espace, les jambes en avant et dans la position horizontale.

Lorsque la corde est sur le point de terminer sa course, il élève la jambe droite et la passe par-dessus la gauche, retire l'épaule gauche en arrière et avance la droite de manière à se trouver face en arrière ; il revient au point de départ en se laissant aller au gré de la corde et en conservant les bras raccourcis, les jambes tendues en avant, et se rétablit sur l'estrade ; après quoi il fait face en avant et lâche la corde.

4e Exercice. — **Se lancer au moyen de la corde, en levant les jambes, les pieds au-dessus de la tête, et tomber le plus loin possible au bout de la course.**

L'élève étant sur l'estrade, se lance en raccourcissant les bras, écarte un peu les jambes et les élève jusqu'à ce que le corps soit renversé en arrière et que les pieds se trouvent en l'air, au-dessus de la tête ; dès qu'il a dépassé la ligne verticale, il tire fortement sur les bras ; puis il lâche la corde lorsqu'elle est sur le point de terminer sa course, se lance le plus loin possible, réunit les jambes et tombe d'après les principes prescrits.

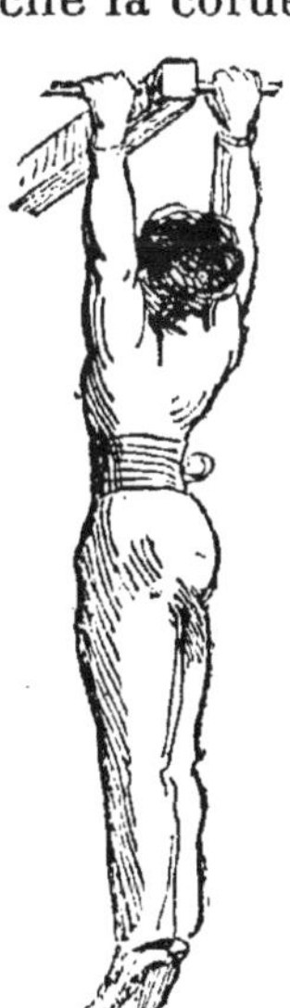

BASCULE BRACHIALE.

1er Exercice. — **S'enlever réciproquement, les bras allongés au-dessous de la traverse.**

Les élèves placés aux extrémités du balancier saisissent chacun la traverse des deux mains les pouces en dessous, les jambes réunies ; ensuite, le plus grand des deux élèves fléchit les jambes et abaisse la traverse en raccourcissant les bras; l'autre élève se laisse enlever en facilitant le mouvement; celui qui est en bas élève ensuite les bras, déploie les jambes pour s'enlever à son tour et laisser descendre l'autre jusqu'à terre. Celui-ci exécute ce qui vient d'être dit pour le premier; ils continuent de s'enlever ainsi, en conservant les bras allongés, les jambes réunies et la pointe des pieds baissée.

Les élèves doivent se tenir dans la position verticale et éviter de porter les jambes en avant, surtout lorsque les pieds sont près d'arriver à terre.

2e Exercice. — **S'enlever réciproquement au-dessus de la traverse, lorsqu'elle est au point le plus élevé.**

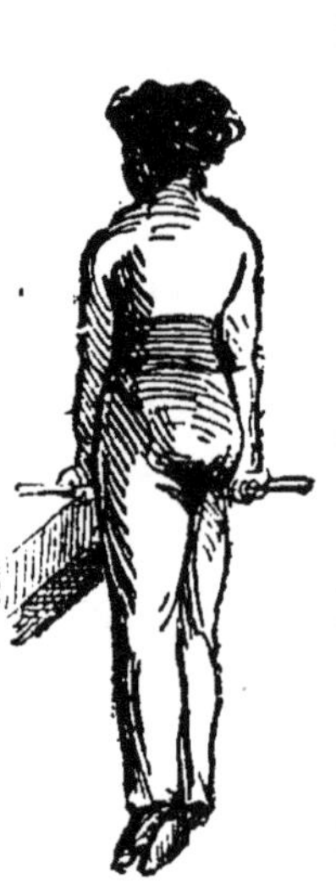

Les élèves saisissent la traverse et s'enlèvent comme il est indiqué à l'exercice précédent.

Arrivés au point le plus élevé, ils font effort des poignets et s'établissent au-dessus de la traverse.

Ils redescendent ensuite au-dessous de la traverse, en conservant toujours le corps droit, arrivent à terre en fléchissant les bras et les jambes, et continuent ainsi.

CONSTRUCTION

DES

MACHINES GYMNASTIQUES

OBSERVATIONS

sur la construction et l'entretien des machines gymnastiques.

Toutes les machines doivent être construites en bois de chêne, excepté les poutres et les grands mâts qui sont en sapin.

Les parties qui sont fixées en terre doivent être passées au feu et enduites de deux ou trois couches de goudron bouillant jusqu'à trente centimètres au-dessus du sol.

Toutes les machines étant consolidées par des jambes de force, etc., n'ont pas besoin de scellement; il suffit de damer la terre fortement sur ces parties, en ayant soin de la mouiller légèrement pour lui donner plus de consistance.

Les grands mâts verticaux doivent être haubanés par quatre fils de fer galvanisé, qui sont fixés au moyen de tendeurs pour en assurer la solidité.

Les bois sont peints à trois couches, couleur chamois, et le fer en couleur noire.

Tous les ans, les machines sont repeintes à une couche, les trous et les fissures bouchés et mastiqués avec soin. Les parties enterrées sont dégarnies jusqu'à cinquante centimètres de profondeur, puis goudronnées à une seule couche.

Le terrain doit être nivelé et bien battu.

Sous le portique, et à tous les endroits où les élèves sautent, il est établi des fossés (*ou bains*) de quarante centimètres de profondeur. Ces fossés sont remplis de sable qui doit être remué avant chaque leçon.

Pour que le sable ne se mêle pas avec la terre, on garnit le fond et les bords des fossés avec des plâtras ou du salpêtre que l'on dame fortement.

Avis important.

Avant de commencer la leçon, le professeur doit s'assurer que tous les agrès et machines sont en bon état.

Après chaque leçon, les agrès qui ont servi à l'extérieur sont mis à couvert; les cordages qui ne peuvent être déplacés sont relevés, afin que leur extrémité soit préservée de l'humidité du sol.

En dehors des séances, il est expressément défendu aux élèves de se servir des appareils de gymuastique, et de s'exercer isolément.

Nota. — Les prix des bois et de la main-d'œuvre n'étant pas les mêmes dans toutes les localités, il n'est fait mention, dans les tableaux estimatifs ci-après, que des prix des machines construites à Paris.

Ne sont pas compris dans ces chiffres le transport et l'installation.

CONSTRUCTION DES MACHINES GYMNASTIQUES

DESCRIPTION DES MACHINES

Détail de leur capacité et prix de revient de chacune d'elles

DÉTAILS GÉNÉRAUX	QUANTITÉ de bois employé	PRIX		PRODUIT	
		du Mètre.	du Stère	partiel	total
		fr. c.	fr. c.	fr. c.	fr. c.
Portique n° 1 (voir planche I, n° 1).					
Cube de chêne neuf refait de 2e classe, de faible équarrissage, assemblé	0.111	»	229.90	25.50	
Cube de chêne neuf retait de 2e classe, assemblé	0.128	»	218.90	28.01	
Cube de chêne neuf ordinaire de sciage, assemblé	0.060	»	150.70	9.00	
Seize mètres de chanfrin	»	0.33	»	5.28	
Un trou de boulon pour contre-fiches, à 0,93 cent.	»	»	»	0.93	
— — pour tête de poteau, à 0,27 cent.	»	»	»	0.27	94.55
Un talon renversé, à 0,55 cent.	»	»	»	0.55	
Huit trous pour pose des crochets, à 0,22 cent.	»	»	»	1.76	
Un boulon à écrou pour contre-fiches, de 0,35 cent. de long sur 0,020 mil. d'épaisseur, à 1 fr. 25	»	»	»	1.25	
Un boulon à écrou pour tête de poteau, de 0m 25 cent. de long					

sur 0m 020 mill. d'épaisseur, à 1 fr.	»	»	»	1.00	
Peinture, 2 couches à l'huile	»	»	»	15.00	
Goudronnage du patin, 2 couches à chaud	»	»	»	6.00	
Portique n° 2 (voir planche I, n° 2).					
Cube de chêne neuf refait de 2e classe de faible équarrissage, assemblé	0.146	»	229.90	33.55	
Cube de chêne neuf refait de 2e classe, assemblé	0.255	»	218.90	55.12	
Cube de chêne neuf ordinaire de sciage, assemblé	0.119	»	150.70	17.93	
Trente-deux mètres de chanfrin	»	0.33	»	10.56	
Deux trous de boulon à la tête des contre-fiches, à 0 fr. 93 c.	»		»	1.86	
Deux — — à la tête des poteaux, à 0 fr. 27 c.	»	»	»	0.54	
Deux talons renversés à chaque extrémité du chapeau, à 0 fr. 55 cent.	»	»	»	1.10	156.92
Deux boulons à écrou pour contre-fiches, de 0m 35 c. de long sur 0m 020 mill. d'épaisseur, à 1 fr. 25	»	»	»	2.50	
Deux boulons pour tête de poteau de 0m,35 cent. de long sur 0m,020 mill. d'épaisseur, à 1 fr.	»	»	»	2 00	
Huit trous pour pose des crochets, à 0 fr. 22 cent	»	»	»	1.76	
Peinture, deux couches à l'huile	»	»	»	20.00	
Goudronnage des patins, deux couches à chaud	»	»	»	10.00	
Portique n° 3 (voir planche I, n° 3).					
Cube de chêne neuf refait de 2e cl., de faible équarr., assemb.	0.246	»	229.90	56.55	
Cube — — — assemblé	0.288	»	218.90	63.04	
Cube de chêne neuf ordinaire de sciage, assemblé	0.127	»	150.70	20.03	
1 mèt. 76 cent. superficiels de plancher en chêne neuf de 0 m. 027 mill. d'épaisseur, à deux parements dressés	»	8.85	»	15.57	
Trente-deux mètres de chanfrin	»	0.33	»	10.56	

DÉTAILS GÉNÉRAUX	QUANTITÉ de bois employé	PRIX du Mètre.	PRIX du Stère	PRODUIT partiel	PRODUIT total
		fr. c.	fr. c.	fr. c.	fr. c.
Deux trous de boulon à la tête des contre-fiches, à 0 fr. 93 ...	»	»	»	1.86	
Deux — — à la tête des poteaux, à 0 fr. 27 cent....	»	»	»	0.54	
Huit trous pour pose des crochets, à 0 fr. 22 cent..........		»	»	1.76	217.01
Deux boulons à écrou pour contre-fiches de 0 m. 35 de long sur 0 m. 020 mill. d'épaisseur, à 1 fr. 25 cent..................	»	»	»	2.50	
Deux boulons à écrou pour tête des poteaux, de 0 m. 25 cent. de long sur 0 m. 020 mill. d'épaisseur, à 1 fr...............	»	»	»	2.00	
Quatre colliers de gros mâts (tige vis à bois), à 1 fr...........	»	»	»	4.00	
Quatre colliers de petits mâts (— —), à 0 fr. 90 cent...	»	»	»	3.60	
Peinture, deux couches à l'huile..................	»	»	»	25.00	
Goudronnage des patins, deux couches à chaud....	»	»	»	10.00	
Portique n° 4 (voir planche I, n. 4).					
Cube de chêne neuf refait, de 2e classe, de faible équarrissage assemblé....................................	0.188	»	220.00	41.35	
Cube de chêne neuf refait, de 2e classe, de faible équarrissage assemblé....................................	0.552	»	209.00	115.36	
Cube de chêne neuf ordinaire de sciage, assemblé...........	0.151	»	140.80	21.26	
1m,76 superficiels de plancher de 0m,027 d'épaisseur à deux parements dressés..................................	»	8.85	»	15.54	
Trente-deux mètres de chanfrin........................	»	0.33	»	10.56	
Deux trous de boulon pour contre-fiches à 0,93 cent..........	»	»	»	1.86	
Deux — à la tête des poteaux à 0,27 cent........	»	»	»	0.54	
Onze trous pour poser des crochets à 0,22 cent..............	»	»	»	2.42	257.99

sur $0^m,020$ d'épaisseur à 1 fr. 25	»	»	»	2.50	
Deux boulons à écrou pour tête de poteau de $0^m,25$ de longueur sur $0^m,020$ d'épaisseur à 1 fr.	»	»	»	2.00	
Quatre colliers de gros mâts (tige vis à bois) à 1 fr.	»	»	»	4.00	
Quatre colliers de petits mâts (—) à 0,90 cent.	»	»	»	3.60	
Peinture, deux couches à l'huile	»	»	»	27.00	
Goudronnage des patins, deux couches à chaud	»	»	»	10.00	
Portique n° 5 (voir planche II, n° 1).					
Cube de chêne neuf refait, de 2e classe, de faible équarrissage assemblé	0.193	»	220.00	42.46	
Cube de chêne neuf refait, de 2e classe, de faible équarrissage assemblé	0.791	»	209 00	165.31	
Cube de chêne neuf ordinaire de sciage, assemblé	0.217	»	140.80	30.55	
$1^m,76$ superficiel de plancher de $0^m,027$ d'épaisseur à deux parements dressés	»	8.85	»	15.57	
Quarante-huit mètres de chanfrin	»	0.33	»	15.84	
Trois trous de boulon pour contre-fiches à 0,93 cent.	»	»	»	2.79	
Trois — à la tête des poteaux à 0,27 cent.	»	»	»	0.81	
Quatorze trous pour pose des crochets à 0,27 cent.	»	»	»	3.08	340.36
Un trait de Jupiter	»	»	»	4.60	
Trois boulons à écrou pour contre-fiches de $0^m,35$ de longueur sur $0^m,020$ d'épaisseur à 1 fr. 25	»	»	»	3.75	
Trois boulons à écrou pour la tête des poteaux de $0^m,35$ de longueur sur $0^m,020$ d'épaisseur à 1 fr.	»	»	»	3.00	
Quatre colliers de gros mâts (tige vis à bois) à 1 fr.	»	»	»	4.00	
Quatre colliers de petits mâts (tige vis à bois) à 0,90 cent.	»	»	»	3.60	
Peinture, 2 couches à l'huile	»	»	»	30.00	
Goudronnage des patins, deux couches à chaud	»	»	»	15.00	

DÉTAILS GÉNÉRAUX	QUANTITÉ de bois employé	PRIX		PRODUIT	
		du Mètre	du Stère	partiel	total
		fr. c.	fr. c.	fr. c.	fr. c.
Bascule brachiale (voir planche II, nº 2).					
Cube de chêne neuf refait, de 2e classe, faible équarrissage assemblé	0.028	»	229.90	6.43	
Cube de chêne neuf refait, de 2e classe, faible équarrissage, assemblé	0.144	»	218.90	31.52	
Cube de chêne neuf ordinaire de sciage assemble	0.125	»	150.70	18.53	
Une tête de poteau tournée, rapportée à gargouille	»	»	»	6.00	
Douze mètres de chanfrin	»	»	»	3.96	
Deux trous de boulons pour le balancier à 0,33 cent.	»	»	»	0.66	
Trois trous de boulons fixant la tête à 0,33 cent	»	»	»	0 99	
Un id. pour contre-fiches à 0,93 cent.	»	»	»	0.93	
Un boulon à écrou pour contre-fiches de 0m,35 de longueur sur 0m,020 d'épaisseur à 1 fr. 25	»	0.33	»	1.25	133.27
Un boulon à écrou pour le balancier de 0m,25 de longueur sur 0m,020 d'épaisseur à 1 fr.	»	»	»	1.00	
Un boulon à écrou pour la tête du poteau de 0m,25 de longueur sur 0m,020 d'épaisseur à 1 fr.	»	»	»	1.00	
Deux poignées cintrées pour le balancier et ferrure complète du dit	»	»	»	35.00	
Deux cordes de sûreté, avec porte-mousqueton, à 4 fr.	»	»	»	8.00	
Peinture, deux couches à l'huile	»	»	»	10.00	

Désignation					
Petite poutre horizontale (voir pl. II, nº 3).					
Une poutre ronde en bois de sapin refait de 1re classe, de 6 m. de longuenr sur 0m,14 de diamètre, bouts arrondis, et deux tréteaux en bois de chêne, ensemble	»	»	»	50.00	58.00
Peinture, 2 couches à l'huile	»	»	»	8.00	
Grande poutre horizontale (voir planche II, n. 4).					
Une poutre ronde sapin refait de 1re classe de 10 m. de longueur sur 0 m. 20 c. de diamètre, bouts arrondis	St. 0.400	»	200.00	80.00	272.00
Estrade en bois de chêne avec escalier sur deux faces et montants à coulisses au milieu	»	»	»	120.00	
Un support en bois de chêne	»	»	»	6.00	
Un tréteau à coulisse en bois de chêne	»	»	»	30.00	
Deux boulons en fer à 3 fr. l'un	»	»	»	6.00	
Peinture, 2 couches à l'huile	»	»	»	30.00	
Poteaux-supports pour échelle horizontale (voir pl. II, nº 5).					
Cube de chêne neuf refait de 2e classe de faible équarrissage, assemblé	St. 0.170	»	229.90	39.08	
Cube de chêne neuf ordinaire de sciage assemblé	0.179	»	150.70	26.97	
Seize mètres quatre-vingt centimètres de chanfrin, à 0 fr. 33 c.	»	»	»	5.55	
Quatre talons renversés à 0 fr. 33 c.	»	»	»	1.60	
Quatre entailles arrondies pour recevoir l'échelle à 0 fr. 40 c.	»	»		1.60	
Deux trous de boulons pour contre-fiches à 0 fr. 93 c.	»	»	»	1.86	
Deux trous de boulons pour tête de poteau à 0 fr. 25 c.	»	»	»	0.50	
Deux boulons à écrou pour contre-fiches de 0m,35 de longueur sur 0m,020 à r. 35	»	»	»	2.50	

DÉTAILS GÉNÉRAUX	QUANTITÉ de bois employé	PRIX du Mètre.	PRIX du Stère	PRODUIT partiel	PRODUIT total
		fr. c.	fr. c.	fr. c.	fr. c.
Deux boulons à écrou pour tête de poteau, de $0^m,20$ de longueur sur $0^m,020$, à 1 fr.	»	»	»	2.00	107 86
Quatre colliers fixant l'échelle sur les supports, à 0 fr. 75	»	»	»	3.00	
Huit vis à tête carrée, à 0 fr. 25	»	»	»	2 00	
Huit trous de vis, à 0 fr. 15	»	»	»	1.20	
Peinture, deux couches à l'huile	»	»	»	10.00	
Goudronnage des patins, deux couches à chaud	»	»	»	10.00	
Vindas (voir planche III, n° 1).					
Cube de chêne neuf refait de 2e classe assemblé	0.240	»	209.00	50.16	
Cube de chêne neuf ordinaire de sciage assemblé	0.142	»	140 80	19.99	
Vingt mètres de chanfrin	»	0.33	»	6.60	
Un trou de boulon sur la tête du poteau à 0 fr. 33	»	»	»	0.33	
Un trou de boulon pour contre-fiche à $0^m,93$	»	»	»	0.93	97.51
Un boulon à écrou pour contre-fiche de $0^m,45$ de longueur sur $0^m,020$ à 1 fr. 50	»	»	»	1.50	
Peinture, 2 couches à l'huile	»	»	»	10.00	
Goudronnage du patin, 2 couches à chaud	»	»	»	8.00	
Passage de rivière (voir pl. III, n° 2).					
Cube de chêne neuf refait de 2e classe, faible équarissage assemblé pour le chapeau et les deux liens	0.133	»	212.30	28.23	
Cube de chêne neuf ordinaire de sciage assemblé pour les	0.254	»	134.20	34.08	
patins	9.920	»	157.30	144.71	
Cube de sapin neuf refait de 2e classe assemblé pour les mâts.	»	0.33	»	22.44	

Désignation					
Pour compléter l'arrondi des deux mâts, 17 m.	»	0.71	»	12.1	
Deux allégissements côniques à la tête des 2 mâts à 0 fr. 55	»	»	»	1.1	
Deux trous de boulon pour contre-fiches à 0 fr. 93	»	»	»	1.8	
Deux trous de boulon sur la tête des mâts à 0 fr. 33	»	»	»	0.66	
Deux trous pour pose des crochets à 0 fr. 22	»	»	»	0.44	356.69
Deux boulons à écrous pour contre-fiches de $0^m,45$ de longueur sur $0^m,020$ d'épaisseur à 1 fr. 50	»	»	»	3.00	
Deux tiges en fer de 1 m. de longueur sur $0^m,020$ d'épaisseur, avec oriflammes en métal, fixées à la tête des mâts, à 12 fr.	»	»	»	24.00	
Deux colliers en fer boulonnés reliant le chapeau aux mâts, à 7 fr.	»	»	»	14.00	
Cent mètres de fil de fer galvanisé de $0^m,003$ pour hauban	»	»	»	6.00	
Deux tendeurs à 4 fr. 50	»	»	»	9.00	
Peinture, 2 couches à l'huile	»	»	»	40.00	
Goudronnage de patins, 2 couches à chaud	»	»	»	15.00	
Estrade de passage de rivière (voir pl. III, nº 2).					
Construite en bois de sapin avec semelles en chêne	»	»	»	60.00	70.00
Peinture, 2 couches à l'huile	»	»	»	10.00	
Barres à suspension (voir pl. IV, nº 1).					
L'étendue de ces barres n'étant pas déterminée, nous donnons le prix d'une longueur de 4 m.	»	»	»	»	
Une barre de fer de 4 m. de longueur sur $0^m,035$ de diamètre.	»	»	»	»	
Trois potences à scellement en fer carré de $0^m,027$ avec œil à douille	»	»	»	»	75 00
Trois potences en fer carré supportant un banc en bois de chêne de $0^m,30$ de largeur sur $0^m,033$ d'épaisseur	»	»	»	»	

DÉTAILS GÉNÉRAUX	QUANTITÉ de bois employé	PRIX du Stère	PRIX du Mètre.	PRODUIT partiel	PRODUIT total
		fr. c.	fr. c.	fr. c.	fr. c.
Planches à rainures scellées au mur (voir pl. IV, n 2).					
Trois poteaux en sapin de 4m50 de hauteur sur 0m12 carrés...	»	»	»	»	
Planches clouées sur les poteaux : longueur 3 m., largeur 0m18, épaisseur 0m,033	»	»	»	180.00	203.00
Un petit chapiteau de recouvrement assemblé sur les poteaux..	»	»	»		
Peinture, 2 couches à l'huile	»	»	»	20.00	
Goudronnage de la base des poteaux, 2 couches à chaud	»	»	»	3.00	
Planches à rainures isolées (voir pl. IV, n° 3).					
Trois poteaux assemblés sur semelles avec contre-fiches, hauteur totale 4m,50	»	»	»	»	
Une plate-forme de 3 m. de longueur sur 1m,25 de largeur, soutenue par 3 liens cintrés et 3 mâts en sapin ronds de 4m50 de longueur	»	»	»	320.00	
Planches en bois de sapin	»	»	»		
Peinture, 2 couches à l'huile	»	»	»	40.00	370.00
Goudronnage des semelles, 2 couches à chaud	»	»	»	10.00	
Plate-forme à rétablissement (voir pl. IV, n° 4).					
Une travée comprenant 3 m. de longueur sur 1m,30 de largeur, en bois de sapin	»	»	»	»	

Trois potences en chêne de $1^m,50$ de longueur, bois de 10 × 10.	»	»	»	50.00	60.00
Trois écharpes en chêne de 2 m. de longueur, bois de 10 × 10.	»	»	»		
Peinture, 2 couches à l'huile.	»	»	10.00		
Planche d'assaut (voir pl. IV, n° 5).					
Un madrier en sapin de 5 m. de longueur sur 0^m50 de largeur et 0^m068 d'épaisseur..................	»	»	»	25.00	30.00
Peinture, 2 couches à l'huile....................	»	»	»	5.00	
Poutre oscillante (voir pl. IV, n° 6).					
Une poutre arrondie en sapin refait de 1re classe, de 6 m. de longueur sur $0^m,14$ de diamètre, avec cordages de 4 m. doubles à chaque extrémité, terminés par quatre anneaux en fer.				50.00	55.00
Peinture, 2 couches à l'huile....................	»	»	»	5.00	
Poutre inclinée (voir pl. IV, n° 7).					
Une poutre arrondie en sapin refait de 1re classe, de 8 m. de longueur sur $0^m,20$ de diamètre..................	»	»	»	175.00	190.00
Une poutre en sapin brut de 6 m. de longueur sur $0^m,20$ de diamètre..................	»	»	»		
Un chevalet de chêne de $2^m,70$ de hauteur..................	»	»	»		
Peinture, 2 couches à l'huile....................	»	»	»	15.00	
Poteaux de sautoir mobile.					
Deux socles en fonte ; ensemble 50 kilogrammes..............					40.00
Deux montants en chêne de 2 m. 50 de longueur, percés de trous de 10 en 10 centimètres.					

ARRÊTÉ RÉGLEMENTAIRE

CONCERNANT LA FOURNITURE

DES APPAREILS DE GYMNASTIQUE

Le Ministre de l'Instruction publique, des Cultes et des Beaux-Arts,

Vu le décret du 3 février 1869 sur l'enseignement de la gymnastique dans les établissements publics d'instruction, ensemble les programmes y annexés ;

Vu les circulaires aux Recteurs et aux Préfets, en date du 9 mars 1869 ;

Vu le cahier des charges imposées à l'adjudicataire du service de la fourniture à faire des appareils et agrès de gymnastique au Ministère de l'Instruction publique, ainsi qu'aux lycées, colléges, écoles normales, écoles publiques et aux communes qui en feront la demande ;

Vu le procès-verbal de l'adjudication publique qui a eu lieu le 1er mars 1873, et à la suite de laquelle M. Frété, fabricant d'appareils de gymnastique (Corderie centrale), demeurant à Paris, boulevard de Sébastopol, nº 12, a été déclaré adjudicataire,

ARRÊTE :

ART. 1er. — Les commandes d'appareils faites par le Ministère de l'Instruction publique seront envoyées directement à l'adjudicataire. Le prix de ces fournitures lui sera payé au Ministère des finances, sur la production, au Ministère de l'Instruction publique, de trois factures, dont une sur papier timbré.

ART. 2. — Les lycées, les colléges communaux, les écoles

normales primaires, les écoles primaires communales et les communes qui voudront profiter, pour l'acquisition d'appareils et d'agrès de gymnastique, des avantages offerts à ces établissements par l'adjudication du 1er mars 1873 et indiqués dans la note annexée au présent arrêté, devront adresser directement leurs commandes au Ministère de l'instruction publique (les établissements d'instruction secondaire, au 3e bureau de la Direction de l'enseignement secondaire; les établissements d'instruction primaire et les communes, au 3e bureau de la Direction de l'enseignement primaire).

La commande devra être conforme au modèle annexé au présent arrêté.

Art. 3. — Les commandes, après avoir été visées au Ministère, seront transmises, avec leur numéro d'ordre, à l'adjudicataire, ainsi qu'un bordereau général.

Art. 4. — Lorsque les objets compris dans une commande sont prêts à être livrés, et avant de procéder à leur emballage et à leur expédition, l'adjudicataire doit en prévenir l'Administration, pour que les objets à livrer puissent être vérifiés et reçus par les délégués du Ministre, conformément à l'article 9 du cahier des charges.

Art. 5. — Les établissements et communes qui auraient à former des réclamations les adresseront au Ministre de l'instruction publique.

Art. 6. — L'adjudicataire devra tenir un livre-journal spécial, indiquant, pour chaque commande, les renseignements détaillés qu'elle doit contenir d'après le modèle annexé au présent arrêté.

Art. 7. — Le Ministre de l'instruction publique ne garantit point à l'adjudicataire le recouvrement de ses créances sur les établissements ou communes dont il a transmis les demandes, et ne peut encourir, à cet égard, aucune responsabilité.

Fait à Paris, le 9 avril 1873.

Jules Simon.

Note annexée à l'arrêté qui précède.

La fourniture aux lycées, colléges, écoles normales primaires, écoles primaires communales, et aux communes, sur leur demande, des agrès et appareils mobiles pour les exercices de la gymnastique, d'après les programmes annexés au décret du 3 février 1869, a été l'objet d'une adjudication publique qui a eu lieu le 1er mars 1873, et à laquelle ont été appelés les fabricants de cordages ou d'appareils de gymnastique.

M. Frété, fabricant d'appareils de gymnastique à Paris, boulevard de Sébastopol, 12, dont la soumission portait le rabais le plus considérable, a été déclaré adjudicataire.

Ce rabais est de 21 fr. 25 c. p. 0/0. C'est un rabais unique, qui porte uniformément sur toute fourniture d'objets demandée en vertu de l'adjudication.

Les obligations de l'adjudicataire et les garanties stipulées au profit du Ministère, des établissements d'instruction et des communes, sont déterminées de la manière suivante par le cahier des charges :

L'adjudicataire s'engage, envers le Ministre de l'instruction publique :

1° A fournir au Ministère, aux lycées, colléges communaux, écoles normales primaires, écoles primaires communales et communes, sur leur demande, en totalité ou en partie, les objets énumérés dans la liste annexée au cahier des charges.

2° A expédier le colis ou la caisse *franco* par le chemin de fer (petite vitesse), jusqu'à la station la plus rapprochée de la commune destinataire.

L'expédition doit avoir lieu dans le délai de quinze jours, à compter de la réception de la commande par l'adjudicataire.

Chaque jour de retard entraînerait une réduction de 5 0/0, sauf le cas où les délégués du Ministre n'auraient pu procéder à l'examen des livraisons durant ce délai de quinze jours.

La fourniture et le transport des objets sont faits par l'adjudicataire, moyennant le payement par le Ministère, l'établissement acquéreur ou la commune, du prix résultant, pour chaque objet porté au catalogue, du rabais de 21 fr. 25 0/0 consenti par l'adjudicataire sur le prix fort indiqué par la liste annexée au cahier des charges.

L'adjudicataire est tenu de centraliser dans un dépôt ou magasin, situé dans l'enceinte de Paris, toutes les expéditions et livraisons à faire en vertu de l'adjudication.

L'adjudication est faite pour une période de trois, quatre, six ou neuf années.

Les établissements publics d'instruction ne sont nullement tenus d'adresser à l'adjudicataire leurs commandes d'appareils et d'agrès; ils restent entièrement libres de se procurer ces objets en traitant, à Paris ou dans les départements, avec d'autres fabricants ou intermédiaires de leur choix.

Les fournitures doivent être de bonne qualité et en tout conformes, pour les dimensions, la solidité et la nature des matières employées, aux modèles-types dont la collection, dûment timbrée et visée, est déposée dans une salle affectée au contrôle chez l'adjudicataire.

L'adjudicataire se soumet au contrôle de l'Administration; il s'engage :

A laisser visiter, à toute réquisition, par les délégués du Ministre, les fournitures dont il prépare la livraison;

A défaire et démonter les objets dont la vérification comporterait ce mode d'examen;

A permettre l'emploi de tous les moyens d'investigation et d'épreuves nécessaires pour constater la solidité et la bonne confection des appareils.

Nulle expédition ne sera faite avant le contrôle des délégués du Ministre. Ces délégués justifieront d'une commission spéciale signée par le Ministre et portant qu'ils sont chargés de procéder aux actes de surveillance et de contrôle prévus par l'article 9 du cahier des charges.

Chaque agrès ou appareil fourni sera poinçonné par les délégués.

En cas de contestation entre l'adjudicataire et les délégués sur la qualité des objets à livrer, l'expédition de ces objets à leur destination est suspendue; ils sont soumis à l'examen de la Commission centrale de gymnastique. Cette Commission entend l'adjudicataire et les délégués; elle dresse procès-verbal de ses opérations. Le Ministre décide, sur le rapport de la Commission, s'il y a lieu de déclarer les objets recevables et d'en autoriser l'expédition.

Dans les cas où les objets expédiés par l'adjudicataire sur la commande d'un établissement public d'instruction n'auraient point été visités avant leur livraison par les délégués du Ministre, ou n'auraient donné lieu de leur part à aucune contestation, mais où l'établissement destinataire les trouverait défectueux, soit au moment de la livraison, soit postérieurement, le chef de l'établissement devra en informer immédiatement le Ministre, qui saisira la Commission de gymnastique de cette réclamation. La Commission pourra, suivant les circonstances, demander une expertise locale ou se faire envoyer les objets dont la qualité serait contestée.

Le prix des fournitures faites aux établissements publics d'instruction ou aux communes par l'adjudicataire lui est payé directement par chacun de ces établissements.

L'adjudicataire s'engage à communiquer, à toute réquisition, aux délégués du Ministre, les livres et pièces de comptabilité relatifs aux services compris dans l'adjudication.

En cas d'inexécution des conditions du présent cahier des charges, et notamment si les agrès ou appareils avaient été constatés défectueux par les délégués ou par la Commission de gymnastique, sur la réclamation des acquéreurs, l'adjudication pourrait être résiliée par le Ministre, sans que l'adjudicataire eût à réclamer aucune indemnité et sans préjudice des dommages-intérêts dont il se serait rendu passible envers les établissements acquéreurs, par suite d'accident ou de préjudice quelconque.

Un cautionnement de 10,000 francs, versé par l'adjudicataire, est affecté à la garantie des indemnités qui pourraient être dues par lui aux établissements publics d'instruction.

La description détaillée des agrès et appareils compris dans l'adjudication figure sur la liste ci-après; cette liste, qui mentionne également le prix de chacun d'eux, sauf la déduction du rabais de 21 francs 25 centimes, est annexée au cahier des charges.

Liste des appareils et agrès pour les exercices gymnastiques.

NUMÉROS d'ordre.	NATURE DES OBJETS	PRIX servant de base à l'adjudication.	OBSERVATIONS.
		fr. c.	
1	Cannes devant servir de barres à sphères, la douz..	6 00	Longueur 1m,30, diamètre 0m,025. En bois de frêne.
2	Petit mât.........	7 00	Hauteur 4m,65, diamètre de 0m,05 à 0m,06. En bois de frêne. Le collet en fer qui rattache le petit mât au portique n'est pas compris dans la fourniture.
2 *bis.*	Gros mât avec ferrure............	9 00	En sapin, diamètre 0m,08. Le reste comme au n° 2.
3	Corde à consoles ..	10 00	Corde (1) *dite* septin, hauteur 3m,070, diamètre 0m,019. Petit anneau en fer à la partie supérieure de la corde et cosses en cuivre. Diamètre des consoles, 0m,08, hauteur 0m,07. Distances des consoles du centre au centre 0m,28.
4	Échelle de cordes .	12 00	Cordes *dites* en quatre torons. Hauteur des cordes 3m,70, diamètre 0m,018. Échelons en frêne, longueur 0m,35, diamètre 0m,025, distance des échelons 0m,28. Petits anneaux en fer à la partie supérieure des cordes et cosses en cuivre.
5	Cordes à nœuds noués...........	10 00	Corde *dite* septin, hauteur 3m,70, diamètre 0m,023. Distance des nœuds, d'axe en axe, 0m,28. Petits anneaux en fer à la partie supérieure de la corde et cosses en cuivre.
6	Anneaux.........	10 00	Corde *dite* septin. Longueur des cordes 2m,20. Double boucle, y compris les anneaux, diamètre 0m,185, diamètre extérieur des anneaux 0m,18 (fer étamé), épaisseur du fer 0m,018. Petits anneaux en fer à la partie supérieure des cordes et cosses en cuivre.
6 *bis.*	Anneaux.........	10 00	Longueur des cordes 2 mètres. Le reste comme au n° 6.

(1) NOTA. — Tous les cordages doivent être *en première nature de chanvre, filés à la main* et *câblés en duites.*

NUMÉROS d'ordre.	NATURE DES OBJETS	PRIX servant de base à l'adjudication.	OBSERVATIONS.
		fr. c.	
7	Échelle orthopédique pour écoles normales ou lycées............	25 00	Bâti en bois de sapin, extrémité du bâti en bois de chêne, hauteur 4m,80, largeur 0m,53. Longueur des échelons en bois de frêne (1), en envasement 0m,12, diamètre 0m,026. Ecartement des échelons 0m,025. Montants. Épaisseur 0m,032, largeur 0m,060. Planche. Largeur 0m,022, épaisseur 0m,038.
7 *bis*.	Échelle orthopédique pour écoles primaires........	22 00	Hauteur 4 mètres, le reste comme au no 7.
8	Cordes lisses, l'une.	6 00	Corde septin, longueur 3m,70, diamètre 0m,023. Petits anneaux en fer à la partie supérieure des cordes, cosses en cuivre.
9	Échelles de bois (écoles normales ou lycées).......	25 00	Les montants en sapin, hauteur 4m,80, diamètre des montants 0m,08 et 0m,06. Échelons tournés en frêne, diamètre 0m,027. Longueur des échelons : inférieur 0m,43, supérieur 0m,35. Distance des échelons d'axe en axe 0m,25.
9 *bis*.	*Idem* (écoles primaires).........	22 00	Distance entre les échelons 0m,27, diamètre 0m,028. Diamètre inférieur des montants 0m,08, supérieur 0m,06. Longueur de l'échelon inférieur 0m,48, supérieur 0m,40.
10	Barres parallèles..	30 00	Bâti en bois de hêtre, rouleaux en bois de frêne, hauteur totale à partir du sol 0m,92, écartement des rouleaux 0m,42, longueur 2m,30.
10 *bis*.	*Idem*...........	42 00	Hauteur totale à partir du sol 1 mètre, écartement des rouleaux 0m,46, longueur 2m,70. Le reste comme au no 10.

(1) Tous les échelons des échelles nos 7, 7 *bis*, 9 et 9 *bis* sont fixés au moyen d'une pointe. Ils pénètrent dans les montants d'une longueur moyenne de 0m,045 sans les traverser.

NUMÉROS d'ordre.	NATURE DES OBJETS	PRIX servant de base à l'adjudication.	OBSERVATIONS.
		fr. c.	
11	Perches oscillantes, l'une............	6 00	En bois de frêne, hauteur 3m,65, diametre moyen 0m,044. A la partie supérieure, crochet et ferrure conformes au modèle.
12	Trapèze à base ferrée............	10 00	Longueur des cordes 2m,20, diametre 0m,018. Corde septin, bâton ferré en bois de frêne, longueur 0m,80, diamètre 0m,035. Le bâton goupillé à chaque extrémité.
12 *bis*.	*Idem*...........	10 00	Longueur du bâton 0m,80, longueur des cordes 2 mètres, diamètre des cordes 0m,018. Le reste comme au no 12.
13	Crochet pour fixer les agrès au portique...........	1 00	En fer étamé et à vis tire-fond, conformément au modèle.
14	Haltères, le kilog.	0 60	Tiges en fer, boules en fonte aplaties. Poids, 1 kilogramme la paire.
14 *bis*.	Haltères.........	1 20	Tiges en fer, boules en fonte aplaties. Poids, 2 kilogr. la paire
14 *ter*.	*Idem*.............	1 80	Tiges en fer, boules en fonte aplaties. Poids, 3 kilogr. la paire.
14 *quat*.	*Idem*...........	2 40	Tiges en fer, boules en fonte aplaties. Poids, 4 kilogr. la paire.
15	Chevalet de natation............	6 25	Bois de frêne de 0m,035, carré. Hauteur du chevalet ouvert 0m,65. Assises des pieds sur la largeur 0m,55, sur la longueur 0m,50. Au milieu, traverse en fer pour la jonction des pieds. Tissu toile treillis 0m,45 sur 0m,32, avec angles de renfort de 0m,04 de largeur.
16	Barres à sphères, la douzaine........	12 00	Bâtons et boules en frêne, longueur totale 1m,40, diamètre 0m,025.
17	Vindas...........	40 00	Ferrures et chapeau conformes au modèle. Quatre cordes en quatre torons avec poignée à nœuds, conformes au modèle. Diamètre des cordes goudronnées 0m,015, diamètre des cordes blanches 0m,023, longueur des poignées 0m,90, longueur totale 4m,50. Le mât de 5 mètres supportant le vindas n'est pas compris dans l'adjudication.

NUMÉROS d'ordre.	NATURE DES OBJETS	PRIX servant de base à l'adjudication.	OBSERVATIONS.
		fr. c.	
18	Corde de traction..	15 00	Corde, quatre torons de 15 mètres de longueur, diamètre 0m,025.
19	Perche à sauter, la pièce...........	2 25	En bois de frêne de brin. Longueur 2m,65, 3 mètres et 3m,33, diamètre moyen 0m,04.
20	Échelle horizontale.............	24 00	Montants en sapin de 0m,05 sur 0m,10. Angles arrondis, longueur totale 4m,50. Echelons en frêne tournés, longueur 0m,40, diamètre 0m,30, écartement 0m,25.
21	Mils (1er modèle). — (2e modèle) ..	3 50 3 00	Deux modèles en bois de quartier, frêne ou orme. Première grandeur, hauteur totale 0m,57, diamètre 0m,11, hauteur de la poignée 0m,11, diamètre 0m,024. Deuxième grandeur, hauteur 0m,52, diamètre 0m,09, même poignée.
22	Cordeau à sauter, avec petits sacs en cuir remplis de sable.............	5 25	Corde goudronnée. Longueur 7m,50, diamètre 0m,01. Chevilles en fer, de 0m,20 de longueur sur 0m,014 de diamètre. Fortes rondelles.
23	Barre à suspension.	100 00	De 6 mètres de longueur, en fer, de 0m,035 de diamètre, potence en fer, à scellement et banc en bois de chêne de 0m,30 de largeur.
	Jeux gymnastiques		
26	Jeu de quilles.....	14 00	Bois de quartier, frêne.
27	Jeu de boules....	15 00	Orme tortillard ferré et cochonnet.
28	Jeu de paume (la paire de raquettes et deux balles)...	16 00	
29	Jeu de cricket....	45 00	Deux battes en frêne, deux balles, six piquets et ouits.
30	Échasses (la paire).	3 50	
31	Arc et deux flèches (but non compris).	8 00	
32	Jeu de tonneau...	32 00	En chêne, quatorze trous, garnitures en cuivre.

Modèle des commandes faites par les établissements publics d'instruction qui veulent profiter du bénéfice de l'adjudication.

AGRÈS ET APPAREILS POUR L'ENSEIGNEMENT DE LA GYMNASTIQUE.

COMMUNE		DÉPARTEMENT
d	LE LYCÉE d	d
—	COLLÉGE COMMUNAL d	—
Par	ÉCOLE NORMALE d	ARRONDISSEMENT
	COMMUNE d	d

Le lycée d
Le collége communal d
L'école normale d
L'école publique d
La commune d
Arrondissement d
Département d

Met à la disposition de M , adjudicataire de la fourniture facultative des appareils et agrès pour les exercices gymnastiques, la somme de (1)
ci (2) , pour qu'il fournisse les objets dont la liste est ci-jointe, destinés à l'enseignement de la gymnastique et qui devront être expédiés en franchise, par petite vitesse, dans le délai de quinze jours à partir de la réception de la commande par l'adjudicataire, à la gare d , ligne d .

Signature du Proviseur, du Principal, du Directeur ou du Maire.

(Cachet de l'établissement ou de la mairie.) (Visa du Ministre de l'Inst. publ.)

(1) Indiquer la somme en toutes lettres.
(2) Indiquer la somme en chiffres.

Détail des objets demandés.

N°s D'ORDRE.	INDICATION DES OBJETS.	NOMBRE DES OBJETS de chaque numéro.	PRIX D'UNITÉ.	PRIX de la FOURNITURE.
	Prix total de la commande au prix fort....			
	Remise de 21 fr. 25 p. % à déduire..			
	Somme totale due pour la fourniture des objets envoyés franco.			

FIN.

TABLE DES MATIÈRES

DOCUMENTS OFFICIELS

ÉCOLES PRIMAIRES

LYCÉES ET COLLÈGES

ÉCOLES NORMALES PRIMAIRES

APPENDICE

MACHINES ET APPAREILS GYMNASTIQUES

FIN DE LA TABLE DES MATIÈRES.

CORBEIL. TYP. DE CRÉTÉ FILS.

LIBRAIRIE HACHETTE ET CIE

Boulevard Saint-Germain, 79, à Paris.

PETITE GRAMMAIRE FRANÇAISE

FONDÉE SUR L'HISTOIRE DE LA LANGUE

PAR

A. BRACHET
Lauréat de l'Académie française
Ancien Examinateur et Professeur à l'École Polytechnique

J. DUSSOUCHET
Agrégé des classes de grammaire
Professeur de cinquième au Lycée de Tours

Ouvrage adopté pour les Écoles communales de la Ville de Paris

1 volume in-12, cartonné, 80 centimes.

EXTRAIT DE LA PRÉFACE.

La grammaire que nous publions aujourd'hui s'adresse à la fois aux trois degrés des écoles primaires et aux classes élémentaires des colléges et des lycées : c'est dire que ce petit livre, dépouillé de tout appareil savant, est une œuvre nouvelle et non point un simple extrait ou une réduction de la *Grammaire française* publiée l'an dernier à l'usage des élèves qui étudient les langues anciennes.

Pour faire entrer dans ce mince volume toutes les règles essentielles de la langue, nous avons dû proscrire les remplissages grammaticaux qui encombrent encore aujourd'hui certains manuels. Nos enfants, on l'a trop oublié, ne sont point des étrangers qui ne savent rien du français et doivent y pénétrer par la grammaire. Ils possèdent déjà la langue française en entrant à l'école, il ne s'agit pour le maître que d'indiquer à l'élève les règles de la langue écrite que l'usage oral n'apprend point. Nous avons exposé avec le plus grand soin ces règles essentielles de notre syntaxe, l'accord des participes, l'emploi des temps, l'accord des adjectifs indéfinis (*tout*, *même*, *quelque*, etc.), règles qui forment avec raison la véritable pierre de touche des examens de grammaire dans nos écoles.

Tout en donnant à la syntaxe une place prépondérante, nous n'avons point sacrifié l'étude des parties du discours. Nous y avons même introduit les règles de formation des mots, soit composés, soit dérivés, comme le recommande M. le vice-recteur de l'Académie de Paris, dans sa *Circulaire* du 5 avril dernier. Rien n'est plus utile, pour donner à l'élève le sens précis des mots et des nuances qui les séparent, que cette étude des dérivés et des composés. Cette recherche constituera pour le maître et pour l'élève un exercice utile et attrayant qui, sous le nom d'analyse étymologique, prendra place dans nos écoles à la suite de l'analyse grammaticale et de l'analyse logique.

Telles sont les principales innovations qu'apporte au public scolaire cette petite Grammaire. Il faut y joindre celle qu'indique notre titre : l'introduction de la méthode historique, qui fait servir l'histoire de la langue à l'enseignement pratique du français, en donnant à l'élève l'explication et la raison d'être de chaque règle, en lui demandant, en un mot, au lieu d'une docilité machinale, une obéissance raisonnable ; la grammaire, ainsi comprise, cesse d'être une charge indigeste de la mémoire, pour devenir, dans la limite du possible, un exercice de la raison.

L'usage présent, dans toute langue, dépend de l'usage ancien et ne s'explique que par lui ; dès lors quoi de plus naturel que de faire servir l'histoire de la langue à l'explication des règles grammaticales, en remontant depuis l'usage actuel jusqu'au moment où elles ont pris naissance? Outre l'avantage d'être rationnelle, la méthode historique en possède un autre : la mémoire retient toujours plus nettement ce dont notre esprit s'est rendu compte, et l'élève se rappellera d'autant mieux les règles de la grammaire qu'elles auront déjà un point d'appui dans son intelligence. C'est cette méthode que les Allemands, toujours attentifs à éveiller le jugement de l'enfant, emploient depuis longtemps dans leurs écoles pour l'enseignement de leur langue nationale. C'est la méthode inverse qui avait été suivie en France jusqu'à ce jour. Au lieu d'intéresser l'enfant en lui donnant la raison de chaque règle, et l'explication de tous ces faits grammaticaux, si souvent en apparence bizarres ou incohérents, on lui avait présenté la grammaire française comme les articles indiscutables d'un code pénal, qu'il devait appliquer sans les raisonner ni les comprendre. En réduisant ainsi la grammaire au rôle d'un insipide procès-verbal de l'usage, en ne faisant appel dans cet enseignement, tout mécanique et passif, qu'à la mémoire de l'élève, au détriment de son intelligence, on avait fait d'une étude attrayante et curieuse un objet de dégoût et d'ennui.

On ne peut assurément se rendre un compte très-précis du français que par la connaissance du latin; mais ce secours nous manque pour les élèves des écoles primaires. Aussi n'avons-nous donné, pour être vraiment utiles, *que les explications à la portée de très-jeunes enfants*, celles que l'on peut tirer de l'histoire même du français, et *qui ne demandent, pour être comprises, aucune connaissance des langues anciennes*.

Pour les définitions, nous avions suivi, dans la grammaire complète, la méthode naturelle, celle qui fait naître la règle de l'explication, celle qui apprend, un un mot, la grammaire par la langue, non la langue par la grammaire Malgré la clarté très-réelle qu'apporte cette méthode, nous avons dû l'abandonner sur le désir réitéré des maîtres, qui réclament, pour leur enseignement collectif et pour la récitation, une formule mnémonique précise, et dans ce cas une explication, il faut bien l'avouer, ne peut tenir lieu de définition.

Pour ne point contrarier de vieilles habitudes scolaires qui ont d'ailleurs leur raison d'être, nous avons admis également, avec toutes les grammaires élémentaires, l'introduction des premières règles d'accord dans l'étude des parties du discours.

Enfin, comme dans la grammaire complète, nous avons soigneusement donné l'explication de chaque terme grammatical.

Un questionnaire termine chacun des chapitres, et des *Exercices* adaptés à la grammaire paraîtront incessamment.

Corbeil. — Typ. et stér. de Crété fils

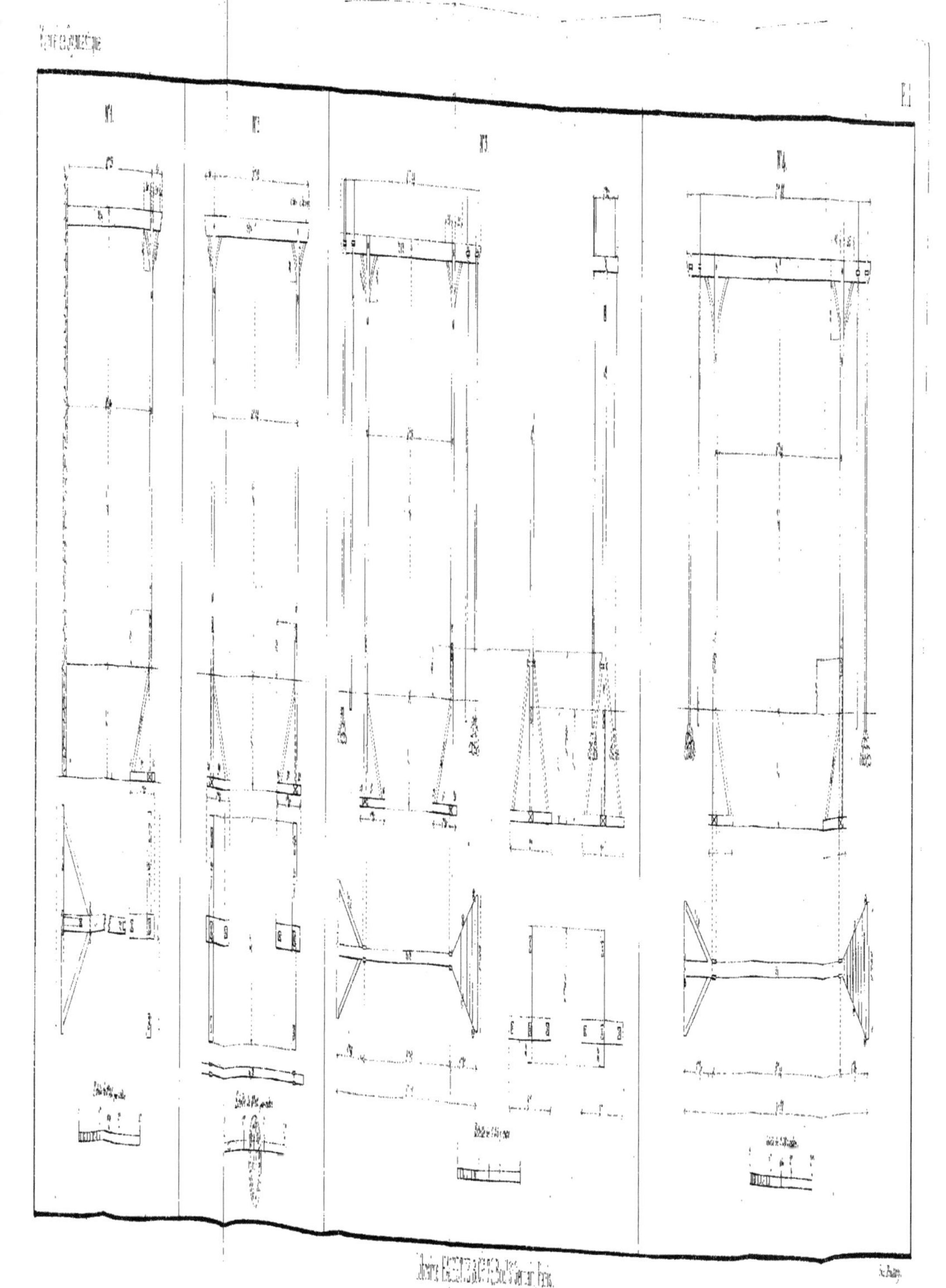
N° 1
N° 2
N° 3
N° 4

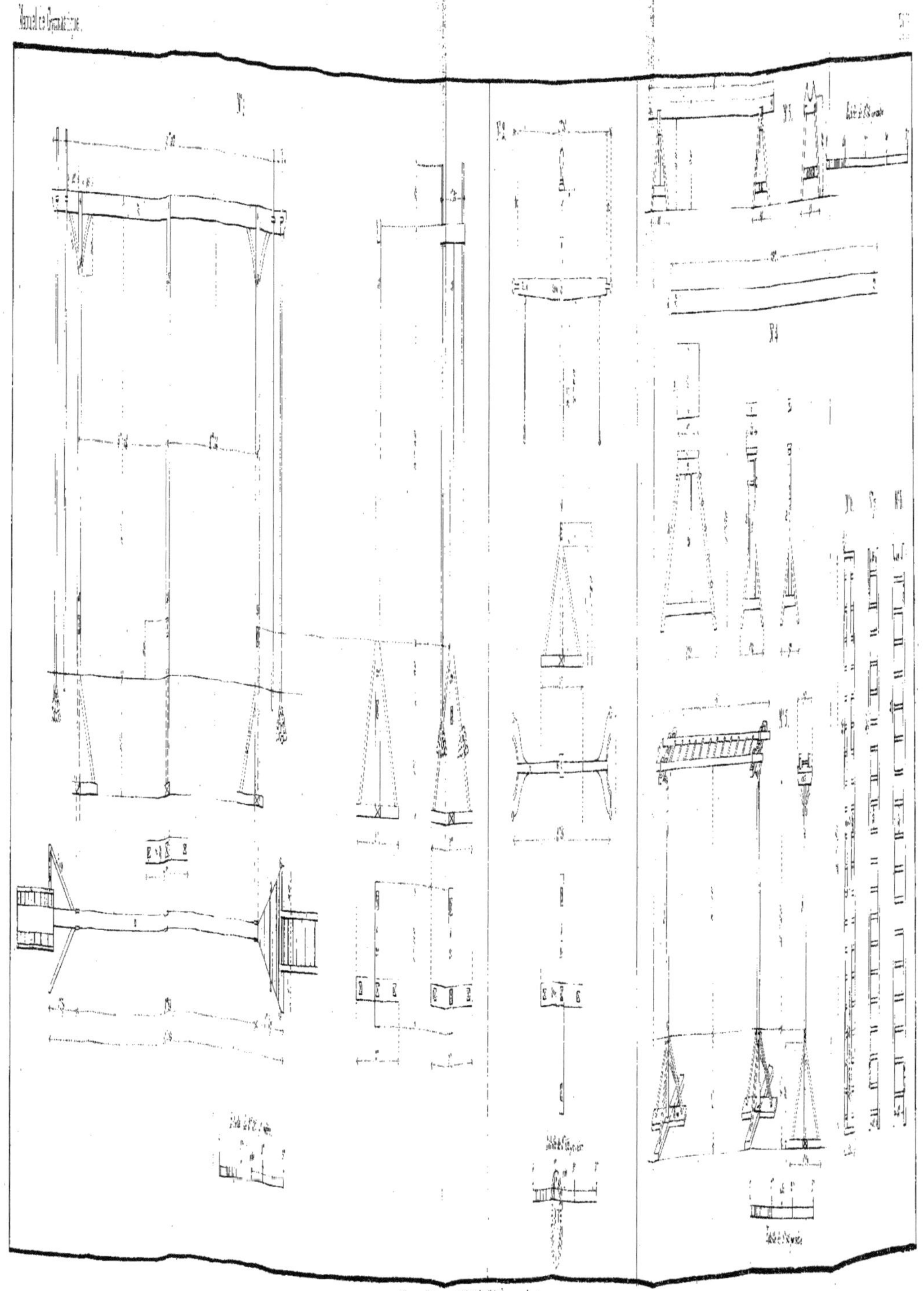

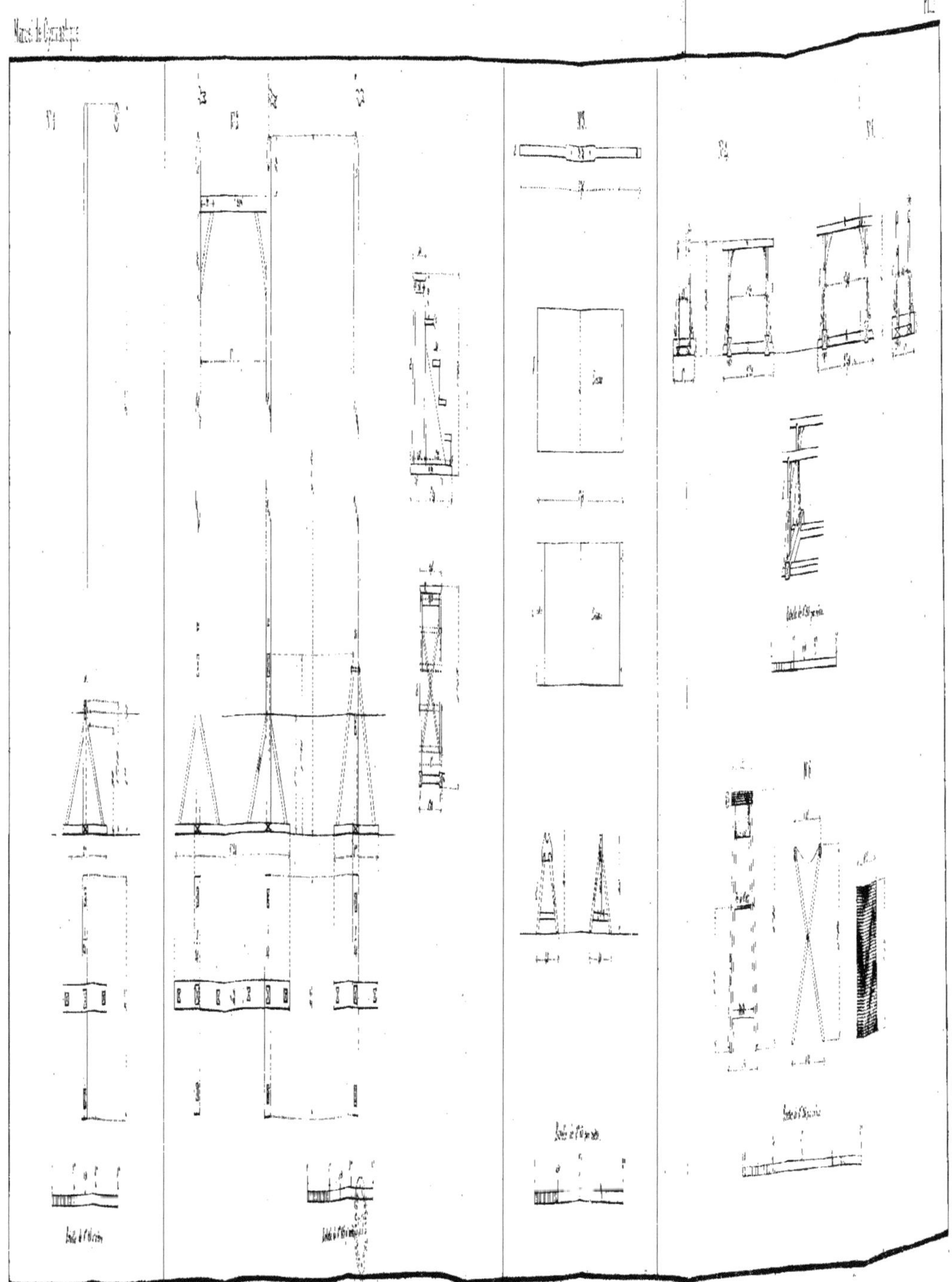

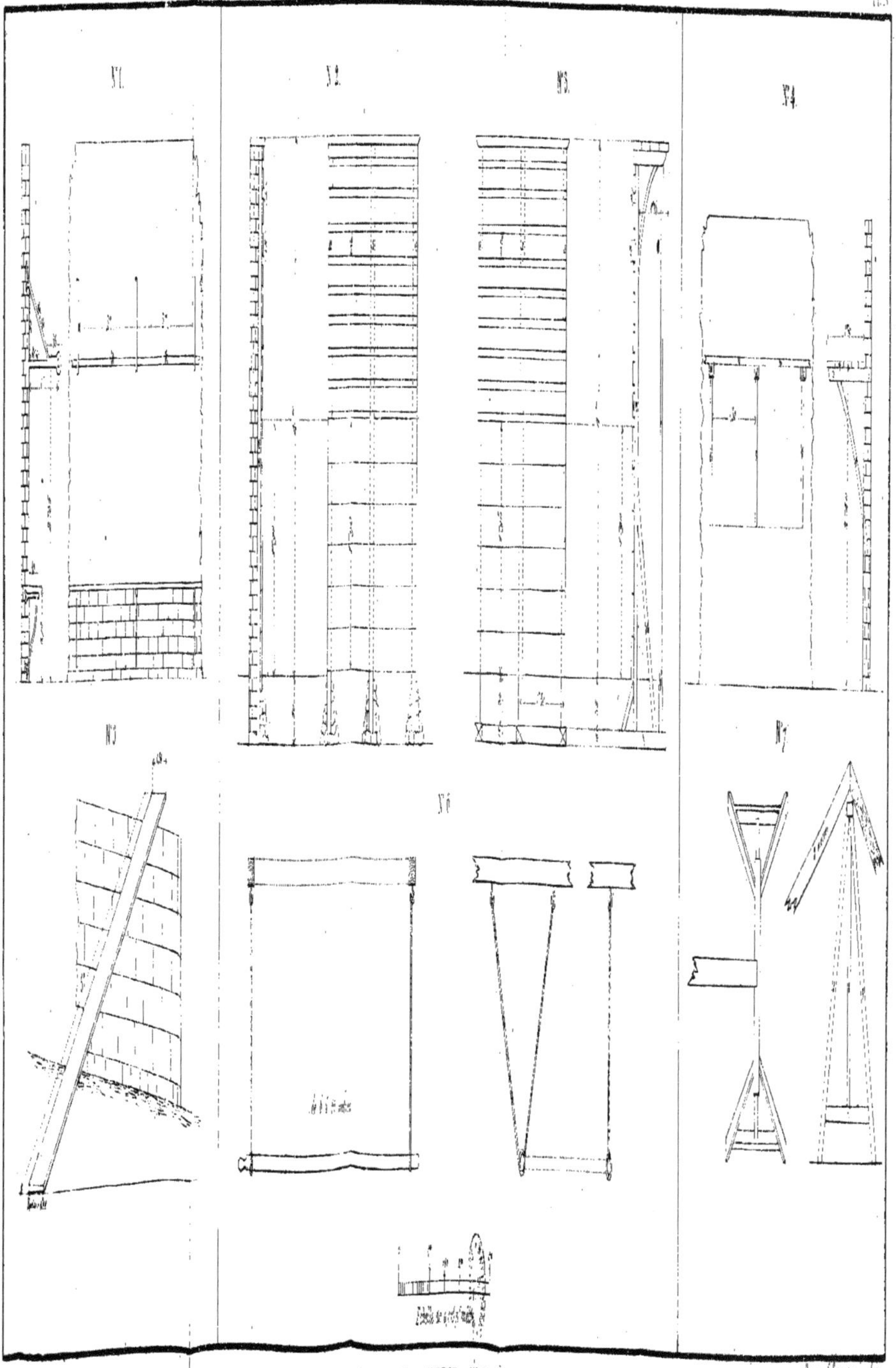

N° 1.

N° 2.

N° 3.

N° 4.

N° 5

N° 6

N° 7

Librairie L. Hachette et Cie, 79 Bd St Germain.

www.ingramcontent.com/pod-product-compliance
Ingram Content Group UK Ltd.
Pitfield, Milton Keynes, MK11 3LW, UK
UKHW022052260726
13993UKWH00001B/70